KB160478

—— 기업의 인사부서 업무 중 ——

급여 & 복리후생
업무 아웃소싱

실무지침서

———— 기업의 인사부서 업무 중 ————

급여 & 복리후생 업무 아웃소싱

실무지침서

이승호 지음

Contents

PART 3

기업 인사부서 업무 중 급여 & 복리후생 업무를 내부 분사 아웃소싱 추진 시 성공적인 운영을 위한 필요사항은 무엇입니까?

PART 4

기업에서 급여 & 복리후생 업무를 아웃소싱 추진 시 성과를 높일 수 있는 방안은 무엇입니까?

PART 1

기업의 경영활동에
아웃소싱이란 무엇입니까?

01

우리나라 기업에 아웃소싱은 언제 도입되었습니까?

아웃소싱(Outsourcing)이란 기업의 여러 가지 경영 환경과 업무 중에 특정 직무의 일부 또는 전부를 기업 자체에서 직접 하지 않고 외부 업체에 위탁대행하거나 조달하는 것입니다.

즉, 기업 내부의 특정 프로젝트 또는 제품의 생산, 유통, 용역, 서비스 등을 기업 외부의 전문 회사에 위탁하여 기업의 경쟁력을 높이려는 것으로 기업은 아웃소싱을 통해 핵심사업에 집중하고 나머지 부수적인 부문은 외주에 위탁함으로써 기업의 생산성을 향상시켜 결과적으로 관련 기업의 경쟁력을 강화하려는 것입니다.

아웃소싱은 Out과 Sourcing의 합성어로 외주화 또는 외부화로 번역이 되며 기업의 다양한 경영활동 중 전략적으로 중요한 핵심 부분에 경영자원을 집중하고 비핵심 분야에 대해 외부의 전문 기업을 활용하여 기업의 경쟁력을 제고시키는 전략을 뜻합니다.

아웃소싱은 1980년대 미국의 제조업 분야에서 가정 먼저 도입하였으며 현재는 여러 업무로 확대되어 사무 업무인 경리업무 및 인사

업무, 연구개발 업무인 신제품 개발과 영업 직무 등 기업의 모든 업무분야에서 실시하고 있습니다.

우리나라 기업의 아웃소싱은 1990년대 중반에 도입되었고 1998년 IMF 이후 기업의 비용 절감을 통한 경쟁력 강화를 위하여 도급, 하청, 업무대행, 외주, 컨설팅, 근로자 파견, 내부 분사화 등의 용어로 급격히 확산되었습니다.

특히 국내 기업에서 아웃소싱은 1990년대 들어와 근로자(인재) 파견 사업이 확산되었고, IMF 이후 인터넷 발달을 기반으로 온라인 채용 지원 서비스, 이 러닝(e-learning) 교육 서비스, 급여 업무대행(Payroll) 등 새로운 아웃소싱 업무가 출현하였습니다.

이와 함께 IMF를 기점으로 대기업의 구조조정과 맞물려 퇴직자들이 퇴직 후 안정적인 사회 적응을 위한 퇴직자 아웃플레이스먼트(Outplacement) 사업이 새롭게 등장한 것도 우리나라 아웃소싱 시장의 특징입니다.

〈우리나라 아웃소싱 형태 용어 설명〉

- 도급 : 어떤 일의 완성을 수급자(수급인)가 일을 하기로 약정하고, 도급자(도급인)가 그 일이 완성되면 보수를 지급할 것을 약정함으로써 성립하는 계약으로 도급계약은 쌍무계약, 유상계약에 속합니다.

또한 도급은 개인 고용처럼 노무의 제공을 목적으로 하지 않고 노무를 가지고 어떤 일을 완성하는 것을 본질적인 목적으로 하는 점에 특징이 있으며 도급 업무의 설계(기획)와 계획 그리고 운영을 모두 수급자(수급인) 책임하에 실시합니다.

- 하청 : 도급을 수행하는 수급자(수급인)가 맡은 일의 전부나 일부를 다시 제3자를 하수급인으로 하여 일을 맡기는 것을 말하며, 하청업자는 도급 업무의 설계(기획)와 계획에는 참여하지 않고 하청 받은 업무만 운영합니다.

- 업무대행 : 대행 업무 관련 설계(기획) 및 계획은 담당하지 않고 단순하게 대행하는 업무에 한정하여 운영만 합니다.

- 외주 : 하청과 업무대행을 포괄하는 개념으로 기업이 외부 전문 기업을 활용한다는 관점에서는 아웃소싱과 동일한 형태이지만 계약업무에 설계(기획)와 계획에는 참여하지 않고 외주 받은 업무만 운영하게 됩니다.

- 컨설팅 : 대상 업무의 설계(기획)와 계획은 책임하에 실시하지만 운영은 관여하지 않음이 특징입니다. 즉 운영은 기업에서 주관하여 실시합니다.

- 근로자 파견 : 업무를 지원하기 위한 사람(담당자)을 파견하는 서비스로 파견법에 의거 정해진 업무에 한해 실시할 수 있으며

직접 업무의 설계(기획) 및 계획은 하지 않으며 대상 업무의 업무 수행과 관리를 대상(활용) 기업에서 직접 실시한다는 것이 아웃소싱과 다른 개념입니다.

- 내부 분사화 : 기업 내의 특정 업무 전체 또는 일부에 대해 별개의 회사를 설립하여 모기업을 대상으로 서비스를 제공하는 것을 말합니다. 그런데 분사화된 기업이 모기업 외에 타 기업에 서비스를 제공하는 경우에는 아웃소싱이라고 할 수 있습니다.

기업이 경영활동 시 아웃소싱은 왜 실시하는 것입니까?

기업이 아웃소싱을 실시하는 이유는 기업의 역량을 핵심 부문에 집중하면서 외부 전문분야를 활용, 기업의 경쟁력을 높여 시장 지배력을 강화하고자 하는 것입니다.

결과적으로 기업은 아웃소싱을 통해 우수한 품질의 확보, 비용 절감, 관리의 용이성, 유통 또는 시간의 단축 등으로 다양하게 경쟁력을 높이려는 것입니다.

기업 간 경쟁에서 핵심 역량(Core Competence)이란 경쟁사보다 뛰어나고 고객에게 차별화된 효율을 제공하는 것으로 유형적인 것보다는 무형적인 것, 장기간 이루어지는 것, 통합하고 조정하는 능력에 관한 것, 기술능력에 관한 것, 전사적인 것, 계속 발전해야 하는 것 등을 말합니다.

그리고 아웃소싱(Outsourcing)이 출현하게 된 배경은 기업의 경영환경이 글로벌화로 경쟁이 심화되고, IT 기술이 발전하면서 외부의 전문 기업을 활용 시 비용 절감으로 시장 지배력을 높일 수 있고, 관련 분야 전문 기업과 협업 아웃소싱을 통해 기업의 생존과 지속 성장을 더 강화할 수 있기 때문입니다.

최근 사무분야 아웃소싱 특징은 BPO(Business Process Outsourcing) 형태로 추진하는 것입니다.

BPO(Business Process Outsourcing) 아웃소싱은 기업은 구성원들이 사업의 핵심 역량에 집중하여 생산성 향상을 도모하고 기업 경쟁력 확보 및 강화를 추진할 수 있도록 행정적이고 정형적인 사무업무는 아웃소싱을 추진하는 것입니다.

BPO 아웃소싱 대상 업무는 급여, 사회보험, 복리후생과 총무 업무 등에 제도 기획과 설계 업무를 제외한 제반 업무를 내부에서 분사화된 아웃소싱 기업에 맡기거나 또는 외부 아웃소싱 전문 기업에 위탁하는 것으로 국내 대기업(CJ, LG전자, 한화, 아모레퍼시픽, 삼성, 포스코, SK 등)에서 업무 서비스 경쟁력을 강화하고자 내부 분사화 아웃소싱 법인 또는 계열사, 자회사 등에서 적극 활용하고 있습니다.

기업에서 사무업무 아웃소싱 추진 시 프로세스는 어떻게 됩니까?

기업에서 사무업무 아웃소싱 추진 시 프로세스는 아웃소싱 대상 업무 결정 → 아웃소싱 대상 업무 공급회사(Supplier) 대상 공고 및 제안서 접수 → 아웃소싱 공급업체들 제안서 발표 및 공급업체 선정 → 아웃소싱 대상 업무범위 확정 및 수수료 협상과 결정 → 아웃소싱 계약 체결 및 아웃소싱 대상 업무 이관 → 아웃소싱 업무 위탁 대행 실시 → 아웃소싱 대상 업무 계약의 해지 또는 재계약 등을 추진하는 절차로 진행을 합니다.

□ 급여 & 복리후생 아웃소싱 업체 선정 프로세스 및 소요 기간

아웃소싱 추진 프로세스	각 프로세스별 세부 추진 업무	소요 일수
1. 급여 & 복리후생 아웃소싱 실시 및 대상 업무 결정	기업 내부에서 아웃소싱 실시 의사결정	-
2. 아웃소싱 대상 업체 대상 업무대행 공고 및 제안서 접수	급여 & 복리후생 아웃소싱 대상 업무 공고 (인사 전산 시스템 포함 여부 공지 병행)	1-2 주
3. 아웃소싱 공급업체 제안서 발표 및 업체 선정	아웃소싱 제안서 제출 3-5개 업체 중 P/T 또는 개별 상담 후 우선 협상 업체 선정	1 주
4. 우선 협상 아웃소싱 업체와 대상 업무 확정과 분석 실시	아웃소싱 의뢰 기업의 인력 현황, 급여 규정, 급여시스템, 복리후생 등 대상 업무 세부 분석	1 주
5. 아웃소싱 실시업체 최종 선정/확정	아웃소싱 업무대행 대상 범위 및 수수료 등 최종 협상 후 결정	1 주
6. 아웃소싱 계약 체결	아웃소싱 계약서 날인 및 업무 인수인계 추진 완료, 기업 구성원에게 아웃소싱 공지	1 주
7. 아웃소싱 업무대행 실시	아웃소싱 계약 체결 업무 서비스 제공 실시	- (1 년)
8. 아웃소싱 재계약 여부 결정	아웃소싱 업무 계약 해지 또는 재계약 결정	1 주
총 소요 기간		4-6 주

첫째, 아웃소싱 대상 업무 결정은 기업의 전략적 차원에서 추진되어야 합니다.

기업에서 아웃소싱 추진 시 경영 계획 또는 사업 계획에 의거 아웃소싱 대상 업무의 정의, 아웃소싱 효과, 아웃소싱 수수료 가격, 아웃소싱 시 법적 요건 및 적용 사항 등을 면밀히 파악하여 아웃소싱 실시 여부 및 대상 업무를 결정해야 합니다.

둘째, 아웃소싱 대상 업무를 수행할 공급회사(Supplier)를 결정하기 위해 공고 및 제안서 접수를 실시합니다.

아웃소싱 업체에 아웃소싱 대상 업무와 제안서 제출 일자 등을 안내하고, 아웃소싱 공급 회사로부터 제안서를 제출받습니다.

셋째, 아웃소싱 공급업체들 제안서 발표 또는 개별 상담으로 공급업체를 선정합니다.

아웃소싱 업체에서 제출한 제안서를 아웃소싱 업체 선정을 위한 평가항목 기준에 준하여 평가하여 기업문화와 아웃소싱 목적에 부합된 3-5개 아웃소싱 업체를 선정합니다.

넷째, 우선 협상 아웃소싱 업체와 대상 업무 확정과 분석을 실시합니다.

우선 협상 아웃소싱 업체와 아웃소싱 대상 업무 확정과 세부 인력 현황 파악(월급제와 시간급제, 직무 및 인원 현황 파악 등), 급여규정 확인(연봉 지급 지수, 상여금 지급 여부 및 시기, 제 수당 지급 항목 등), 급여 시스템 보유 및 회계 시스템과 연동 현황, 기타 복리후생 지원업무 등 대상 업무를 세부적으로 분석합니다.

다섯째, 아웃소싱 실시 업체 최종 선정/확정입니다.

아웃소싱 업무대행 대상 범위 및 수수료 등 최종 협상 후 결정하고, 아웃소싱 대상 업무에 대하여 상호 R&R(업무의 역할과 책임)을 확정합니다.

여섯째, 아웃소싱 계약을 체결합니다.

아웃소싱 대상 업무의 계약의 목적, 업무범위, 계약기간, 도급비(업무대행 수수료), 책임의 한계, 당사자의 의무, 비밀유지, 손해배상, 소프트웨어 사용, 기타 사항 등을 반영한 계약서를 작성하여 계약을 체결하고, 계약서는 2부를 날인하여 각 1부씩 보관합니다.

일곱째, 아웃소싱 업무대행 실시입니다.

아웃소싱 계약서에 준하여 아웃소싱 공급회사는 아웃소싱 업무대행 서비스를 제공합니다.

여덟째, 아웃소싱 업무대행 관련 재계약 여부를 결정합니다.

아웃소싱 계약기간 3개월 전에 아웃소싱 업무에 대한 만족도를 평가하여 아웃소싱 재계약 여부를 결정합니다. 만약 재계약 불가로 의사결정할 경우 아웃소싱 업무 인소싱 또는 아웃소싱 업체 변경에 관해 법적인 문제 이슈가 발생하지 않도록 원활하게 추진토록 합니다.

04

기업에서 아웃소싱을 운영하는 형태는 어떻게 됩니까?

기업에서 경쟁력 강화를 위해 실시하는 아웃소싱에는 일반적으로 4가지 유형으로 실시하며 비용 절감형 아웃소싱, 네트워크형 아웃소싱, 분사형 아웃소싱, 핵심 역량 자체 아웃소싱 형태입니다.

첫째, 비용 절감형 아웃소싱은 비용 절감만을 목적으로 경영활동에 중요도가 낮은 비핵심 업무 기능을 아웃소싱하는 형태로 현재 우리나라 대부분의 기업들이 주로 실시하고 있는 아웃소싱 방식입니다. 대상 직무는 콜센터, 경비, 구내식당, 행사 대행 등이 있습니다.

둘째, 네트워크형 아웃소싱은 핵심 역량 또는 핵심 제품 이외의 모든 기능을 외부 전문 업체에 아웃소싱하고, 관련 아웃소싱 업체와 수평적 네트워크를 구축하고 시너지 효과를 높이는 아웃소싱 형태입니다.

네트워크형 아웃소싱의 특징은 다수의 각 아웃소싱 업체가 보유한 경쟁우위 경영자원을 공유하고 상호 보완적으로 활용하는 아웃소싱입니다.

네트워크형 아웃소싱 운영은 Co-sourcing과 Virtual Corporation

(=Network Corporation) 형태로 실시하는데 아웃소싱을 활용하는 기업이 외부 시장에서 전문적인 서비스를 전략적으로 얻는 것입니다.

아웃소싱 추진 시 다수의 아웃소싱 기업이 경영자원을 상호 활용하고 대상 업무기능이 상호 보완적으로 연결되도록 하면 아웃소싱을 활용하는 기업뿐만 아니라 아웃소싱 업체도 시너지를 창출하여 부가가치 높은 서비스를 제공할 수 있을 것입니다.

이렇게 아웃소싱의 기업이 각자 보유한 경쟁우위 경영자원을 공유하고 상호 보완적으로 활용하는 형태를 코소싱(Co-sourcing)이라고 합니다.

앞으로 경영 환경에서 일반적인 아웃소싱이 보다 발전된 형태로 네트워크 기업 또는 가상 기업(Virtual Corporation)은 코소싱(Co-sourcing)에 의한 새로운 형태 기업으로 변화를 해 나갈 것입니다.

향후 나타날 가상 기업(Virtual Corporation)은 참여기업이 종속적으로 연결되는 것이 아니라 참여기업이 보유한 경쟁우위 제조, 연구개발, 판매, 물류, 총무, 인사, 자금조달 등 각각의 전문기능을 수평적이고 상호 보완적으로 연결함으로써 보다 더 부가가치가 높은 서비스를 창출할 수 있는 네트워크형 기업이라고 할 수 있을 것입니다.

네트워크형 기업(가상 기업)의 아웃소싱 장점은 시장의 특성과 기술 변화 등에 신속한 대응이 가능하고 경영자원이 한정된 스타트업 기업에 우수한 조직 모델이 될 수 있습니다.

셋째, 분사형 아웃소싱은 기업의 업무 중 비핵심 업무 일부 기능을 분사화 시키는 것으로 이익 추구형(Profit-Center) 아웃소싱과 스핀 오프형(Spin-off) 아웃소싱이 있습니다.

이익 추구형(Profit-Center) 아웃소싱은 기업 내에서는 중요도가 크지 않으나 전문성을 확보하고 있는 기능을 분사화 시킴으로써 외부 경쟁에 노출시켜 스스로 수익을 창출할 수 있게 하는 아웃소싱 방법입니다.

이익 추구형(Profit-Center) 아웃소싱의 특징은 분사화된 기업이 모기업(고객사)에 서비스를 공급하면서 외부 기업과도 거래하도록 하며 업무의 전문화를 목적으로 인력 구조조정의 한 수단으로 활용될 수 있습니다.

스핀 오프형(Spin-off) 아웃소싱은 기업이 보유한 공정 제품, 특정 기술, 특정 일부 업무 등을 내부 분사화하여 조직을 슬림화 하는 목적으로 실시함이 특징입니다.

스핀 오프형(Spin-off) 아웃소싱 사례로 인사부서의 경우에는 급여와 복리후생 업무, 총무업무, 교육 업무 등을 대상으로 합니다.

스핀 오프형(Spin-off) 아웃소싱 사례로 정보통신 기업의 경우 사업부 조직 자체를 분리해 별도 분사 법인으로 독립시키거나 협력 회사에 이관하는 등 스핀 오프형 아웃소싱이 증가하고 있는 추세입니다.

넷째, 핵심 역량 자체의 아웃소싱은 기업의 핵심 역량 자체를 외부 경쟁 시장에 노출시킴으로써 시장에 최고 기업을 아웃소싱 업체로 선정하여 기업의 핵심사업 경쟁력을 더욱 높이려는 아웃소싱 방식으로 종래의 전통적인 아웃소싱 방식과는 정반대의 개념입니다.

핵심 역량 자체 아웃소싱 대상 업무는 재무관리 아웃소싱, 인력 채용업무 아웃소싱 등이 있습니다.

□ 기업의 아웃소싱 운영 형태 및 특징

구 분		세부 내용
비용 절감형 아웃소싱	제3자 아웃소싱	아웃소싱 추진 직무에 아웃소싱 서비스 공급업체가 충분하게 형성되어 있는 경우에 적합한 방식으로 경쟁입찰 등의 방법으로 공급업체를 선정하고 계약을 통해 해당 분야의 서비스를 활용함
	인적자원 아웃소싱	기업의 정규직 고용계약이 아닌 외부에서 아르바이트, 임시직, 계약직, 파견 근로자 등의 형태로 일정 기간 인적자원을 활용하는 것을 말함
네트워크형 아웃소싱	네트워크형	복수의 아웃소싱 공급업체가 네트워크를 구축하여 각 업체별 경쟁우위 경영자원을 상호보완적으로 활용하여 상생의 협력관계로 발전을 도모하는 코소싱(Co-Sourcing) 형태로 가장 이상적인 아웃소싱 모델임.
분사형 아웃소싱	스핀 오프 (Spin-Off)	분사형 아웃소싱의 대표적인 모델로 아웃소싱 업무를 위해 별도 분사 회사를 설립하여 모회사에 서비스를 제공하며 다른 회사에도 서비스 제공으로 이익 책임 단위 (Profit Center)를 실현함.
	제3자 매각 후 위탁	사업 부문의 설비나 인력을 외부 아웃소싱 공급업체에 매각한 후 계약을 통해 해당 분야의 서비스를 제공받는 것을 말함.
	MBO 또는 EBO	임직원이 아웃소싱 신규회사를 설립하고 영업양수 형태로 서비스를 공급하며 모회사와 협력회사 관계를 유지하나 계열사(자회사)는 아님이 특징임.
	사내 분사형	기업 사내에 분사 형태 아웃소싱 공급회사를 설립하여 철저한 시장경쟁 원리 적용으로 가격이 비싸거나 서비스 품질이 떨어질 경우 외부 공급업체와 거래하도록 하는 사내거래 기피권이 있음
핵심 역량 자체의 아웃소싱		핵심 역량 자체를 외부 시장의 경쟁에 노출시킴으로써 최고 경쟁력 있는 업체를 선정하여 핵심 사업의 경쟁력을 더욱 높이려는 아웃소싱 형태

기업과 아웃소싱 업체가 경쟁력을 강화하기 위하여 구축하여야 할 항목은 무엇입니까?

아웃소싱의 향후 전략적인 추세는 비용 절감 목적에서 경쟁력 강화 목적으로, 소규모 직무에서 대규모 직무 형태로, 단일 업체 사업 형태에서 다수 업체 사업 형태로, 특정 범위 내 한정적 대상에서 광범위한 대상으로 추진될 것으로 예상됩니다.

글로벌 경영 환경에서 아웃소싱을 잘 활용하여 기업의 경쟁력을 높이기 위해서는 몇 가지 운영 경험을 통한 보완점을 개선으로 실무에 반영해야 합니다.

첫째, 용역료(업무대행 수수료)는 아웃소싱 회사와 고객사가 합리적으로 설정해야 합니다.

아웃소싱 대상 직무의 비용 절감만을 목적으로 아웃소싱을 추진 시 아웃소싱 업체들의 상호 경쟁 또는 고객사의 경쟁력 강화 방안 일환으로 용역료(업무대행 수수료)가 지속 하향 또는 동결될 경우 아웃소싱 회사에서 우수인력 채용이 어려울 수 있습니다.

또한 아웃소싱 회사에서 우수인력을 채용하였다 하더라도 보상 처우 불만족으로 일정 경력이 쌓이면 이직으로 인한 퇴직이 발생하여 결과적으로 아웃소싱 회사 서비스 경쟁력 약화로 고객사에 제공하는 서비스 품질에 악영향이 있을 수 있기에 아웃소싱 용역료(업무 대행 수수료)는 최소 시장에서 형성된 동종업계 수준은 유지되어야 할 것입니다.

둘째, 기업 내 정보와 개인 정보 관련 보안 관리 안전장치를 강화해야 합니다.

기업에서 업무를 아웃소싱할 경우 아웃소싱 업체의 전산 시스템 보안, 인사 급여 프로그램 보안, 실무자 보안 준수 등에 관해 사전 충분한 현황 조사와 검토로 아웃소싱 추진 과정에서 발생할 수 있는 리스크를 사전에 방지해야 합니다.

예를 들어 급여 & 복리후생 업무 아웃소싱 업체 선정 과정에 보안을 검토 시 아웃소싱 업체의 전산 인사 시스템의 서버 및 장비 등이 외부 해킹 등에 대응할 수 있는 신뢰받는 곳에서 통제되고 관리되고 있는지 확인하여야 합니다.

또한 급여 프로그램 운영 시 급여와 연말정산 서버를 분리하여 전산 시스템 오류 등에 의한 리스크에 대비해야 합니다. 즉 급여 & 복리후생 업무 아웃소싱 업체의 전산 시스템 서버와 네트워크에 대한 물리적 보안 수준이 확보되었는지 아웃소싱 실시 전에 반드시 확인해야 합니다.

마지막으로 급여 & 복리후생 업무대행 아웃소싱 업체의 직원들이 보안을 준수하기 위하여 입사 시부터 재직 시 어떤 교육을 받고 있고, 아웃소싱 업무대행 자료 고객사 제출 시 보안 지침은 어떻게 운용되며 준수하고 있는지, 고객사 임직원 연봉 관련 문의 시 어떻게 대응하는지 등에 대하여 아웃소싱 업체 선정 시 충분한 검토와 추진으로 아웃소싱 추진 시 성과 효율성을 높여야 합니다.

셋째, 아웃소싱을 추진 시 장기적으로 비용 절감보다 가치 제공 방향으로 추진해야 합니다.

기업에서 아웃소싱 추진 시 비용 절감 효과는 직무별로 차이는 있지만 급여 & 복리후생 업무를 아웃소싱 추진 시 기업에서 직접 수행 시보다 평균 약 30% 정도 비용 절감 효과가 있습니다.

그런데 기업에서 아웃소싱 추진 시 비용 절감 효과에 중점을 두면 아웃소싱 업체는 오퍼레이션 역할만 수행하게 되어 기업에서 직접 수행하고 있는 핵심 업무와 시너지 효과를 창출할 수 없어 아웃소싱 효과가 반감됩니다.

이와 같은 아웃소싱 추진 과정의 비효율을 제거할 수 있도록 기업에서는 아웃소싱 업무대행 수수료의 적정 수준과 이익을 보장하여 아웃소싱 업체 스스로 경쟁력을 강화하여 가치를 제공할 수 있도록 하여야 합니다.

예를 들면 급여 & 복리후생 업무 아웃소싱 시 기업에서 매년 4/4

분기 인원 & 인건비 경영계획 수립 시 아웃소싱 업체는 업무대행 과정에서 관리하는 인원 & 인건비 D/B를 기준으로 인력 현황(연간 직급별 평균 인원, 학력별 인원 현황, 직급별 평균 근속 현황 등) 및 인건비 현황(직급별 직접 인건비 수준, 공통 복리후생비 수준, 4대 사회보험료 현황 등) 자료를 기업에 제공하여 기업이 익년도 인원 및 인건비 경영계획 수립 시 최적 안을 도출할 수 있도록 가치를 제공해야 합니다.

만약 아웃소싱 업체에서 비용 절감 효과 외에 추가로 업무 가치를 제공하지 못할 경우 기업은 경쟁력을 확보한 아웃소싱 업체로 변경을 반드시 검토 및 추진해야 합니다. 그렇게 하여야 아웃소싱 목적을 달성하고 기업의 경쟁력을 높일 수 있기 때문입니다.

넷째, 기업에서 내부 분사 아웃소싱 추진 시 아웃소싱 직무로 전환하는 직원들에 대한 처우 안정화 등 신뢰를 제공해야 합니다.

기업의 전략과 방침에 의거 직접 수행 중인 직무를 아웃소싱 추진 시 아웃소싱 직무로 신분이 변경되는 직원들의 소외감, 아웃소싱에 대한 부정적인 생각, 상대적인 박탈감, 저항 등에 대하여 신뢰할 수 있는 설명과 향후 아웃소싱 업체로 전환 시 처우 보장 등 실효성 높은 안정화 지원 제시로 아웃소싱의 추진으로 인한 조직의 경쟁력이 약화되지 않도록 유의해야 합니다.

즉, 내부 분사 아웃소싱 업체로 직무를 전환하는 인력이 신분 전환에 따른 갈등 없이 조기 업무에 몰입하여 아웃소싱 업무를 조기 안정화하고 이를 통하여 아웃소싱 회사가 관련 사업을 집중화할 수 있도록 지원해야 한다는 것입니다.

상기와 같은 4가지 사항을 적극 실천하여 기업과 아웃소싱 업체가 글로벌 경쟁 환경에서 기업이 핵심 업무에 경영자원을 집중하여 경쟁력과 시장 지배력 등을 강화하여 결과적으로 기업의 생존과 발전을 도모할 수 있도록 아웃소싱 효과를 극대화하여야 할 것입니다.

기업의 인사업무 중 급여 & 복리후생
업무 아웃소싱 추진 시 사전 검토사항,
운영 유의점, 성공적인 추진을 위하여
무엇을 해야 합니까?

01

기업은 인사업무 중 급여 & 복리후생 업무를 아웃소싱하는
목적이 무엇이며 아웃소싱 업체는 어떻게 선정합니까?

기업에서 급여 & 복리후생 업무를 아웃소싱 실시하는 목적은 크게 3가지 관점으로(연봉 정보 보안 유지, 급여 지급 전문성 확보, 비용 절감 효과 극대화 등) 볼 수 있습니다.

첫째, 구성원의 급여인 연봉 정보에 대한 보안 유지입니다.

성과주의 인사제도 도입 시 보상 제도가 연공급제에서 연봉제로 전환됨에 따라 연봉 보안 유지를 하여야 하는데 기업 내부에서 수행 시는 3개의 유관부서가 급여정보를 공유하여 보안이 노출될 수 있기 때문입니다.

즉 급여인 연봉 정보에 접근할 수 있는 부서는 인사, 회계(재무), IT 부서의 담당자에게 연봉이 노출될 수 있어 보안이 취약하기 때문입니다.

기업의 인사부서 업무 중
급여 & 복리후생 업무 아웃소싱 실무지침서

둘째, 급여 업무는 전문성이 필요합니다.

기업에서 구성원의 급여(연봉)를 지급하기 위해서는 실무자가 근로기준법, 소득세법, 사회보험법에 대한 기본 지식을 갖추고 있어야 합니다.

그런데 급여 담당자가 관련 법규를 숙지하고 인사 시스템에 적기 업데이트를 실시되지 않으면 업무 오류와 착오로 구성원에게 신뢰 저하와 법적으로 신고 누락과 불성실 신고 등으로 벌금, 과태료가 발생하여 기업 경영에 불편함을 초래하기 때문입니다.

셋째, 비용 절감에 효과가 높습니다.

급여 실무자가 일정 기간 업무 수행 후 역량 상승이 멈추는 직무 특성을 고려, 정형적이고 행정적인 급여 & 복리후생 업무를 아웃소싱 추진으로 비용을 절감할 수 있습니다.

그리고 중소기업, 스타트업 등에서 급여 실무자를 전문가로 양성하기 위한 인력 운용이 어렵고, 실무자로 양성하였다 하더라도 이직 시 업무 공백이 발생하여 경영에 큰 애로가 될 수 있습니다.

이러한 상황을 사전 방지하기 위해 급여 & 복리후생 업무를 아웃소싱 실시로 전문적인 서비스를 제공받으며 매몰비용과 기회비용 발생을 방지하고 직접 급여 실무자를 고용하지 않아도 되기에 비용을 절감할 수 있습니다.

국내 기업에서 급여 & 복리후생 업무를 아웃소싱 실시하는 목적을 대기업, 강소 & 중소기업, 외국계 국내 기업, 스타트업 및 벤처 기업 순으로 살펴보겠습니다.

1) 대기업의 급여 & 복리후생 업무 아웃소싱 도입 목적입니다.

대기업의 인사부서에서 급여 & 복리후생 업무를 아웃소싱 실시하는 목적은 글로벌 경쟁 환경에서 기업이 경쟁력 강화로 성장, 발전할 수 있도록 인사부서가 기업의 성과 창출에 직접적으로 기여하기 위함입니다.

대기업 인사부서가 기업의 성과 창출에 직접적으로 기여하기 위하여 인사부서 업무 중 채용, 평가, 보상기획, 육성(교육) 등 핵심 업무에 집중하고 정형화되고 행정적인 급여 & 복리후생 업무는 아웃소싱을 추진하여 인사부서의 역할을 강화하기 위함이 있습니다.

또한 기업의 경영 환경 패러다임이 급속하게 변화됨에 따라 우수 인력 확보와 유지가 인사부서의 핵심 업무가 되었고, 구성원에 대한 보상 제도가 성과주의 인사제도인 연봉제를 도입하면서 인사부서의 비핵심 업무를 아웃소싱으로 추진하게 되었습니다.

인사부서는 비핵심 업무를 아웃소싱하고 핵심 업무에 집중하면서 인사부서의 역할과 미션을 3가지 측면에서 강화하였습니다.

기업의 인사부서 업무 중
급여 & 복리후생 업무 아웃소싱 실무지침서

첫째, 현업의 비즈니스 파트너로서 경영진에게 인사적 의사결정을 자문합니다.

둘째, 현업의 리더들에게 성과향상을 위한 도구와 시스템을 지원합니다.

셋째, 임직원 개개인이 하고 싶은 일을 잘할 수 있도록 자기평가와 개발, 선택의 기회를 제공할 수 있도록 업무 프로세스와 운영 시스템을 지원합니다.

대기업 인사부서 업무 중 아웃소싱 대상 업무는 행정적이고 정형적인 급여 & 복리후생 업무를 대상으로 하는 것은 일반 회사와 유사합니다.

하지만 대기업 급여 & 복리후생 아웃소싱 업체는 기업의 경영정보 및 인사정보 등 비밀이 외부에 유출되지 않도록 기업의 인사부서 인력이 퇴직 후 별도 내부 분사화 아웃소싱 법인을 설립하여 업무를 위탁대행(아웃소싱) 하는 방법으로 추진함이 특징입니다.

2) 강소 & 중소기업의 급여 & 복리후생 업무 아웃소싱 도입 목적입니다.

강소 & 중소기업의 급여 & 복리후생 업무 아웃소싱 도입 목적은 급여 담당자 채용, 양성, 유지 등에 어려움이 있고 인사업무 중 급여 & 복리후생 업무와 관련된 노동법, 소득세법, 사회보험법 등 관계

법규를 준수하여 법적 사항에 준한 업무처리 리스크를 사전에 방지하기 위함입니다.

그리고 강소 & 중소기업의 우수인력 채용, 양성, 유지 등에 어려움이 있음은 우리나라 경제의 어려운 현상입니다. 그중에서도 급여담당자의 빈번한 퇴직과 이직 등은 기업의 안정적 경영 운영과 인력 운용 관점에서 큰 리스크가 있습니다.

첫째, 조직 구성원의 급여 정산과 지급은 업무 성격상 오류와 착오가 발생하면 안 되는데 급여담당자의 잦은 퇴직으로 급여, 상여금, 제 수당 등 제지급금 지급 시 오류와 착오가 발생할 경우 구성원들이 회사와 인사부서에 대해 신뢰도 저하가 발생하기 때문입니다.

둘째, 대외적으로 사회보험료 납부 및 보험 자격 취득과 상실 신고, 퇴직연금 납입금액 등에 오류와 착오가 발생할 경우 가산세 추가 납부, 사회보험 공단의 기업 실사, 퇴직자의 실업급여 수급 혜택 제한 등 다양한 문제가 발생할 수 있기 때문입니다.

상기와 같은 문제를 방지하고자 강소 & 중소기업들이 급여 & 복리후생 업무를 아웃소싱 전문 회사에 업무대행 추진이 증가하는 추세입니다.

강소 & 중소기업이 급여 & 복리후생 업무를 아웃소싱 추진 시 강점입니다.

급여 담당자 전문 인력 양성 부담을 해소하고, 급여 담당 인력을 내부에 두지 않아도 되어 비용의 절감이 가능합니다.

연봉제 운용 시 직원 상호 간 연봉 비밀을 유지하고, 인사 전산 시스템을 기업 외부에 확보함으로써 시스템 투자비용을 절감하고, 인사·노무 관련 노동법상 자문 등을 받을 수 있는 강점이 있습니다.

급여 & 복리후생 업무를 아웃소싱 실시하더라도 인터넷과 보안 기술의 발달로 급여 등 제 보상 정산 및 지급 관련 작업 현황 및 결과 자료 등을 기업 내부에서 실시간 확인으로 의사결정이 가능할 수 있기에 업무가 외부에서 이루어지는데 대한 불안감을 갖지 않아도 될 것입니다.

3) 외국계 국내 기업의 급여 & 복리후생 아웃소싱 도입 목적입니다.

외국계 국내 기업의 급여 & 복리후생 아웃소싱 목적은 외국 현지 본사 회계 법인과 국내 회계 법인이 협약 체결을 통해 국제법상 세무 법규 준수 효율을 높이고 국내법 준수를 통해 사업의 투명성을 강화하기 위함입니다.

국내 회계 법인 중 메이저 5개 회계 법인은 국내 진출 외국계 기업의 주재국(본국) 회계 법인과 전략적 파트너십 제휴를 통해 외국계 기업이 국내 진출 시 회계와 급여 정산 및 지급 등 관련 법 준수를 통해 안정적 사업 운영을 지원하고 있습니다.

외국계 기업이 국내 진출 시 회계, 급여, 사회보험 등은 국내법 준수를 위해 회계 법인에 아웃소싱을 추진하고 있으며 기업의 회계와 급여 그리고 사회보험 업무 등을 통합하여 일괄 아웃소싱을 실시하는 있음이 특징입니다.

결과적으로 국내에 진출한 외국계 기업의 급여 & 복리후생 아웃소싱은 메이저 회계 법인에서 실시하고 있으며, 외국계 기업의 급여 & 복리후생 업무를 아웃소싱하는 회계 법인 입장에서는 국내 진출 각 외국계 기업별 인사 및 회계 전산 시스템을 신규 구축하지 않고 기존 전산 시스템을 이용하여 지속 서비스를 제공할 수 있는 강점이 있습니다.

4) 스타트업 및 벤처기업의 급여 & 복리후생 아웃소싱 도입 사유

스타트업 및 벤처기업의 급여 & 복리후생 업무를 아웃소싱하는 목적은 사업 초기 인력구조상 회계 또는 급여 담당 실무자를 직접 고용 시 인건비 등 비용 부담 취약점을 해소하기 위함 입니다.

또한 스타트업 및 벤처기업 출범 후 회사 운영 시 법인세법, 소득세법, 노동법, 근로기준법, 사회보험법 등 준수를 통해 법적 리스크를 해소하고자 전문 세무 법인 또는 노무 법인에 업무를 아웃소싱합니다.

그리고 회사 출범 후 초기 우수 회계 담당자 및 급여 담당자를 채용, 양성, 유지 등이 불가능하고, 회계 또는 급여 담당 실무자를 경력자로 채용할 경우 인건비 부담 등이 크기에 전문 세무 법인 또는 노무 법인 등에 업무를 아웃소싱합니다.

스타트업 및 벤처기업이 세무 법인에 위탁대행하는 업무는 법인세 세무 신고, 부가가치세 세무 신고, 지방세 세무 신고, 장부의 작성, 원천징수 신고, 결산업무, 자금 관리, 급여 및 인사업무, 스타트업 및 벤처기업 인증 및 R&D 연구소 설치를 통한 경비 인정 등 관련 업무입니다.

스타트업 및 벤처기업이 회사 출범 후 경영상에 세무(회계)보다 노무 쪽에 이슈가 크다고 판단 시 노무 법인으로 아웃소싱을 실시하여 노동법, 근로기준법, 사회보험법 등과 관련된 자문과 지원을 받는 것이 좋을 것입니다.

□ 기업별 인사부서 업무 중 급여 & 복리후생 아웃소싱 목적 요약

기업 구분	아웃소싱 목적	아웃소싱 업체
대기업	기업의 경쟁력 강화를 위하여 인사부서가 사업전략의 파트너로 기여, 리더들에게 성과향상을 위한 도구와 시스템을 지원, 임직원 개개인의 성장을 지원할 수 있도록 인사부서 핵심 업무에 집중하기 위하여 정형화되고 행정적인 업무는 아웃소싱을 실시함	내부 분사 아웃소싱 신규 법인 출범 후 업무 위탁대행
강소 & 중소기업	인사부서 내 급여 담당자 채용, 양성, 유지 등 어려움을 대체하고 노동법, 소득세법, 사회보험법 등 관계 법규 리스크 대처 및 준수하기 위하여 아웃소싱을 실시함.	시장에서 형성된 아웃소싱 전문 업체
외국계 국내 기업	외국계 기업 본국 본사 회계 법인과 국내 소재 회계 법인이 협약을 통해 국제법상 세무 효율을 제고하고 국내법(노동법, 사회보험법 등) 준수를 통해 사업의 투명성을 강화하기 위하여 아웃소싱을 실시함	국내 5대 메이저 회계 법인
스타트업 & 벤처기업	스타트업 & 벤처기업의 사업 초기 인력 구조 취약점을 해소하고 세법(회계) 준수와 구성원 급여 지급을 원활하게 하기 위하여 아웃소싱을 실시함	세무 법인 또는 노무 법인

02

국내 기업 형태별 인사부서 업무 중
아웃소싱을 도입한 직무 현황과 특징은 어떻게 됩니까?

국내 기업에서 인사업무 중 아웃소싱을 도입한 직무 현황과 특징을 대기업, 강소 & 중소기업, 외국계 국내 기업, 스타트업 및 벤처기업 순으로 살펴보겠습니다.

1) 대기업의 급여 & 복리후생 아웃소싱 도입 현황입니다.

대기업의 인사 부문 아웃소싱 현황은 기업 내부 경영정보 및 비밀 등을 보호하기 위하여 외부 전문 아웃소싱 업체가 아닌 기업 내부에서 별도 분사화하여 아웃소싱 회사를 설립하거나 또는 자회사에서 업무를 수행하고 있습니다.

대기업의 아웃소싱 대상 업무는 각 기업의 인사부분이 전략적 선택과 집중에 의하여 추진하고 있음이 특징입니다.

□ 국내 대기업의 인사부서 업무 중 아웃소싱 실시 직무 현황과 특징

대기업	업종	아웃소싱 법인	아웃소싱 업무
C 그룹	생활문화	내부 분사화	급여 정산 지급, 퇴직금 정산 지급, 연말정산 사회보험 관리, 건강검진 등 복리후생 지원 콘도(호텔, 펜션 등) 이용객실 예약 대행
D 그룹	중장비	계열회사 (자회사)	급여 & 복리후생 사무관리, 행사 지원, 유형자산 관리 산업재산권 관리, 법무 소송 지원 보험 관리, 노무 및 용역관리
K 그룹	반도체		급여 & 복리후생 헤드헌팅, 채용 중 모집 중국 법인 급여 대행, 물류 서비스
L 그룹	전자		급여 & 복리후생 콜센터, 전자상거래 사업
S 그룹	전자, 통신 반도체	내부 분사화	BS 서비스, PTM 서비스, SMART OFFICE DESIGN, 외국인 채용/관리, 해외 주재원 관리
S 그룹	통신, 전자	계열회사 (자회사)	사원복지 SVC, IT 인프라, 복지운용, 보안 교육 서비스, 물류 서비스
P 그룹	철강	내부 분사화 사회적 기업	사무지원, 클리닝 서비스, IT 통신 서비스 등
T 그룹	헬스, 뷰티	내부 분사화	급여&복리후생, 인사&컨설팅 서비스, 채용 및 헤드헌팅 대행 서비스

2) 급여 & 복리후생 업무 아웃소싱 도입 현황입니다.

강소 & 중소기업의 인사 관련 업무 중 급여 & 복리후생 부문, 총무 부문, 교육 부문 등으로 분리하여 각 부문별 외부 전문 아웃소싱 업체에 위탁대행을 추진하고 있습니다.

특히 급여 & 복리후생 업무 실무 전문가를 내부에서 채용, 양성, 유지가 어렵기에 인력 운용 효율성을 높이고 인건비 포함 총비용을 절감하며, 법적 자문 서비스 등을 제공받기 위하여 외부 아웃소싱 전문 업체에 위탁대행을 실시하고 있습니다.

강소 & 중견기업의 급여 & 복리후생 업무를 아웃소싱 추진 시 아웃소싱 업체는 대기업처럼 내부 분사화를 할 여건이 안 되기에 시장에서 자연스럽게 출범한 급여 아웃소싱 전문 회사 중 업체를 선정하여 실시합니다.

3) 국내 진출 외국계 기업의 급여 & 복리후생 아웃소싱 도입 현황입니다.

국내에 진출한 외국계 기업에서 아웃소싱 업체 선정 시 국내법을 반영하여 법인세 등 납부와 구성원에 대한 급여 지급 시 소득세 납부 등을 안정적으로 수행할 국내 메이저 회계 법인을 아웃소싱 업체로 선정합니다.

외국계 기업이 국내 진출 시 소속 구성원의 급여 & 복리후생 업무를 대행하는 아웃소싱 업체의 특징은 외국계 기업의 본국 현지 본사 소재지 회계 법인과 협약이 체결된 국내 회계 법인에 일괄 업무를 위탁하는 것이 특징입니다.

이는 본국 본사와 국내 외국계 기업의 매출을 연계하여 세금 납부 등 양 국가 간 법규를 준수할 수 있도록 본국 본사 회계 법인과 국내 회계 법인이 협약을 체결하여 외국계 기업이 국내에서 사업을 추진 시 세무와 급여 업무 대행 등을 추진하여 효율을 높이고 있습니다.

외국계 기업이 국내 진출 시 회계 및 급여 & 복리후생 업무 아웃소싱을 전문적으로 실시하는 메이저 회계 법인은 삼일회계법인, 안진회계법인, 삼정회계법인, 한영회계법인, 이정회계법인 등이 있습니다.

4) 스타트업 및 벤처기업의 급여 & 복리후생 아웃소싱 도입 현황입니다.

스타트업 및 벤처기업은 인력 구조 특성상 회계 담당자와 급여 담당자를 채용, 유지, 양성 등에 어려움이 있기에 회계와 급여를 통합하여 업무를 위탁대행할 수 있는 세무 법인 또는 노무 법인으로 아웃소싱을 실시하고 있습니다.

세무사 자격증을 보유한 세무 법인에서 업무를 위탁 대행할 경우 세무 신고에 대한 법적 사항을 준수할 수 있는 강점이 있지만 노동법 준수 등 노무 관련 전문 서비스는 상대적으로 취약할 수 있습니다.

반대로 노무 법인에서 업무를 위탁대행할 경우 노동법 등 노무 관련 전문 서비스를 제공받을 수 있으나 세무 관련 서비스는 상대적으로 취약할 수 있기에 기업의 특징을 반영하여 아웃소싱 위탁대행업체를 선정하는 것이 필요합니다.

스타트업 및 벤처기업에서 회계와 급여 업무를 아웃소싱 추진할 세무 법인 또는 노무 법인을 선정 시 유의할 사항은 세무 또는 노무 관련 법적 자격증을 취득한 세무 법인 또는 노무 법인으로 하여야 한다는 것입니다.

또한 세무 법인 또는 노무 법인에서 현재 회계 또는 급여 & 복리후생 업무대행 서비스를 제공하고 있는 고객사 중 동종업계 고객사에 서비스를 제공하는 세무 법인 또는 노무 법인으로 아웃소싱 업체를 선정함이 좋습니다.

　왜냐하면 동종업계 기업을 대상으로 회계 또는 급여 & 복리후생 업무 아웃소싱 서비스를 제공하면서 축적된 경험과 노하우 등 서비스를 제공받을 수 있기 때문입니다.

03

기업의 인사부서는 급여 & 복리후생 업무를 아웃소싱 추진 후 어떤 역할을 수행합니까?

글로벌 경영 환경에서 기업의 핵심 요소 중 가장 중요한 것은 인적자원입니다.

따라서 기업의 인적자원이 조직의 경쟁력 강화 및 성과향상에 기여하려면 기업의 인사부문은 인적자원만 전담하는 역할에서 벗어나 사업 전체를 바라보는 전략적 관점에서 기업의 사업전략을 기획하고 실행하는데 핵심 역할을 수행할 인력을 채용하여 기업의 성과향상에 기여해야 합니다.

글로벌 경영 환경에서 기업의 인사부서 역할은 전략적 파트너로 경영진의 인사적 의사결정을 자문하고, 현업의 리더들에게는 성과향상을 위한 도구와 시스템을 지원하고, 임직원 개개인에게는 컨설턴트 역할을 지원해야 합니다. 이를 구체적으로 살펴보면 아래와 같습니다.

첫째, 인사부서가 사업의 전략적 파트너로 경영진에게 인사적 의사결정을 자문하는 것입니다.

인사부서 근무자는 기업 경영의 사업의 특성과 Value Chain (가치 사슬, 세부내용 하단 참조)에 대해 숙지해야 합니다.

그리고 인사부서가 비즈니스 파트너로 전문적 지식을 보유하고 기업의 사업 환경에 대한 이해와 향후 사업 방향에 대한 통찰을 기반으로 사업전략을 수행할 수 있도록 지원해야 합니다.

인사부서 근무자는 기업의 사업전략에 필요한 인재를 적시에 제공할 수 있도록 인력 운용 풀과 시스템을 확보하고 지원함으로써 기업의 경쟁력 강화에 3가지 관점에서 기여하여야 합니다.

하나, 기업의 사업전략과 미래 방향을 알고 재무 상황을 반영하여 어떤 사업 분야에 핵심인재를 채용, 육성, 유지할 것인지와 핵심인력에 대한 관리와 평가, 보상을 실시해야 합니다.

둘, 경영 임원진에 대한 승진과 퇴출에 대해 평가 정보를 제공하고, 조직을 통폐합 또는 확장할 것인지 그리고 조직문화를 어떠한 방향으로 이끌어갈지 등에 대해 경영진에게 인사적 의사결정을 자문합니다.

셋, 기업의 조직과 구성원 및 제도와 문화 등에 대한 강점과 약점을 정확하게 알고 진단하여 기업이 경쟁우위를 확보하도록 추진해야 합니다.

상기와 같이 인사부서가 기업 성장에 기여하기 위해서는 인사담당자도 시장과 고객에 대한 이해를 기반으로 기업의 비전, 미션, 조직문화, 사업전략 등에 필요한 인재상을 반드시 정립하여야 합니다.

그리고 경영진에게 인사 관련 의사결정을 지원하는 역할을 수행하고, 경영진은 인적자원을 전략적 무기로 효과적으로 활용하여 기업의 경쟁력을 강화하고 성장과 발전을 도모할 수 있도록 추진해야 합니다.

무엇보다 글로벌 초경쟁 시대에 대외 환경 변화에 대해 회사가 어떻게 인사적 대응을 해야 하는가에 대해 조직, 사람, 제도, 문화의 측면에서 방향과 대안이 준비되어 있어야 합니다.

<용어 설명>

- 가치사슬(Value Chain)이란 1985년 마이클 포터의 저서 경쟁우위(Competitive Advantage)에서 기업의 가치창출 활동을 체계적으로 배열한 가치 시스템(Value System)에서 제시되었습니다. 가치사슬 활동은 본원적 활동과 지원 활동으로 구분이 됩니다.

- 본원적 활동은 제품이나 서비스를 생산하기 위한 직접 활동(자원 유입, 생산운영, 물류 산출, 마케팅/판매, 서비스 AS 등)을 뜻하며,

- 지원활동은 본원적 활동을 간접적으로 지원(자원 확보, 기술 개발, 인적자원 관리, 기업 하부구조 등)하는 활동을 말합니다.
- 가치사슬을 이용하여 기업의 주요 활동을 파악하고, 각 활동이 어떤 가치를 창출하고 어떻게 상호 작용하는지를 체계적으로 분석할 수 있습니다. 그리고 수익성을 감안하여 본원적 활동 중 외부업체로 아웃소싱을 해야 하는 업무를 선택해 낼 수 있습니다.

기업의 인사부서 업무 중
급여 & 복리후생 업무 아웃소싱 실무지침서

둘째, 인사부서가 현업의 리더들에게는 성과향상을 위한 도구와 시스템을 지원합니다.

인사부서는 현업의 리더들에게 인사제도하에서 채용 면접에 직접 참석하여 필요 인력을 직접 채용할 수 있도록 면접 스킬 등을 교육하고 인력 배치 후 현업의 리더들이 인재 육성에 책임감을 가지고 적극적으로 부하를 동기부여할 수 있도록 교육과 정보 등을 제공합니다.

또한 인재를 통해 기업의 성과를 향상시키는데 현업의 리더들이 주체가 될 수 있도록 인사부서가 지속적으로 지원하고 자문하는 역할을 수행하여야 합니다.

구체적으로 채용 면접, 배치 후 조기 적응, 평가, 양성(교육), 퇴직자 관리 등에 대해 체계적으로 교육하고 관련 정보를 제공하고 인력 운용과 관련한 고충처리에 대한 전문적인 서비스를 빠르고 적절하게 제공하여야 합니다.

이를 통해 현업 리더들이 효과적인 인력 관리를 통한 업무 효율을 높여 결과적으로 조직의 가치창출로 이어지도록 지원하는 것입니다.

셋째, 인사부서가 임직원 개개인에게는 컨설턴트 역할을 지원합니다.

기업의 임직원이 배치된 직무에서 성과를 창출할 수 있도록 인사부서가 컨설턴트 역할을 수행해야 합니다.

- 신규 입사자의 조기 조직 적응을 위한 OJT 교육과정 등 운영
- 임직원에게 직무순환 및 전환배치 기회 제공
- 구성원 개인별 CDP(경력개발)를 지원
- 회사의 비전과 미션에 대해 이해를 높이도록 교육
- 성과 목표 달성을 위한 사무환경 제공
- 직무수행 관련 자기계발을 할 수 있도록 직무 연계 온/오프라인 교육 기회 제공
- 퇴직관리 프로그램 제공 등

기업의 구성원이 최고의 성과를 창출할 수 있도록 인사제도와 조직문화 그리고 사무환경 등을 지원하는 컨설턴트 역할을 수행해야 합니다.

04

국내에 진출한 외국계 기업이 급여 & 복리후생 업무 아웃소싱 업체 선정 시 특징은 무엇입니까?

국내 진출한 외국계 기업의 급여 & 복리후생 업무 아웃소싱 업체 선정 시 특징은 외국계 회사의 본국에서 회계업무를 위탁하고 있는 회계 법인이 국내 회계 법인과 먼저 협약을 체결합니다.

그리고 외국계 기업이 국내 진출 시 해외 본국의 회계 법인과 협약을 체결한 국내 회계 법인이 회계업무와 급여 & 복리후생 업무대행을 전담하기에 국내 아웃소싱 업체가 외국계 국내 기업의 급여 & 복리후생 업무를 대행하기는 현실적으로 불가능합니다.

이렇게 하는 사유는 국가 간 조세협정(조세협약)에 따라 다국적 기업들이 국내에서 사업을 추진 시 세금 포탈을 방지하고 국가 간 조세 회피를 막기 위한 목적을 충실히 이행할 수 있도록 국가 간 협력이 가능한 전문 회계 법인에 업무를 위탁함이 효율적이기 때문입니다.

또한 국내 진출한 외국계 기업의 인사 시스템은 글로벌 표준에 준하여 회계 시스템과 연동된 SAP 또는 오라클 시스템 등을 사용하기에 국내 전문 아웃소싱 업체가 업무를 대행 시 SAP 또는 오라클 시스템 사용에 따른 로열티 비용 부담 등 이슈가 발생할 수 있습니다.

만약 국내 인사 시스템을 사용하여 외국계 기업의 급여 & 복리후생 업무 대행 시 SAP 또는 오라클 시스템 등의 회계 시스템과 완벽하게 연동 또는 호환되어야 합니다.

외국계 기업이 국내에서 사업을 추진 시 구성원에 대해 국내 기업에 적용하는 노동법이 동일 적용되기에 SAP 또는 오라클 시스템 등을 업무에 활용 시 국내법에 맞게 시스템은 운영해야 합니다.

회계 시스템은 글로벌 기준을 준수함에 따라 프로세스 등의 가중으로 업무처리 시간은 국내 기업 비교 1.5배 또는 2배 정도 증가하기에 담당자의 숙련된 스킬도 필요합니다.

그리고 인사 시스템은 국내 진출한 외국계 기업에 근무하는 구성원에게 제공하는 급여명세서, 제 증명서 등 서류 발급은 영문과 한글은 기본으로 외국계 기업의 본국 언어로 구현할 수 있어야 합니다.

마지막으로 사회보험료 적용은 양 국가 간 사회보장 협정에 의거 국가 간 사회보장 분야를 규율하는 조약을 체결합니다.

본 조약은 양 국가 간의 연금제도 등이 외국인 또는 국외 거주자에게 자국민과 동일하게 적용될 수 있도록 협정이 체결 및 발효되었기에 급여 전산 시스템에서 조약 내용이 구현되어야 하고 실무자도 전문지식을 보유해야 합니다.

즉 외국인 또는 국외 거주자에게 대한 사회보험법은 양 국가 간에 국내법과 같은 효력을 가지기에 법을 준수할 수 있도록 전문성을 보유한 업체에서 업무를 수행할 역량을 보유해야 외국계 기업과 아웃소싱 기업 모두 상생할 수 있기 때문입니다.

05

중소기업에서 급여 & 복리후생 업무를
아웃소싱 추진 시 강점과 주의할 점은 무엇입니까?

국내 중소기업은 급여 담당자를 채용하여 전문가로 양성 및 유지가 어렵고, 입사하여 2-3년 실무 수행 후 경력이 쌓이면 타 기업으로 이직이 높기에 업무 인수인계가 제대로 이루어지지 않아 기업에게는 업무 공백 등 큰 부담으로 작용할 수 있습니다.

급여 담당자가 업무 수행 시 숙지해야 할 법은 근로기준법, 소득세법, 사회보험법 등이 있으며, 급여 정산과 지급 관련 전체 업무를 모두 수행 시 기간은 1년이 소요됩니다.

매월 급여 지급 등 수행 후 최종 연말정산 결과를 매년 3월 10일 소득세 납부 시 전산 매체로 신고해야 급여 & 복리후생 관련 모든 업무를 1회 경험하는 것입니다.

상기와 같은 현황을 고려하면 중소기업은 급여 & 복리후생 업무를 기업에서 직접 수행하는 것보다 아웃소싱 전문 업체에 위탁 대행하여 추진하면 다음과 같은 세 가지 측면에서 기업의 경쟁력을 더 높일 수 있습니다.

첫째, 급여 담당자 채용, 양성, 유지에 부담을 해소하고 급여 정산 및 지급 관련 질 높은 서비스를 제공받을 수 있습니다.

둘째, 기업 구성원의 급여와 복리후생 지급/지원 시 법적 기준을 준수하고 정확한 지급과 지원으로 회사의 인사정책에 신뢰도를 높일 수 있습니다.

셋째, 사회보험 신고 및 보험료 납부에 대해 법적 기준 준수로 오류와 착오 방지 결과, 가산세 부담 등 법적 리스크를 해소할 수 있습니다.

다만, 급여 & 복리후생 업무를 외부 아웃소싱 업체에 위탁대행 시 주의할 점은 다음과 같습니다.

급여 & 복리후생 업무 아웃소싱으로 기업 내부에 급여 담당자를 두지 않더라도 아웃소싱 회사에 매월 채용 및 퇴직자 정보, 제 보상 변경 정보, 근태 예외자 정보 등을 제공하는 담당자를 두어야 하는데 통상적으로 회계 관련 부서의 구성원이 담당하는 것이 가장 좋습니다.

왜냐하면 월 급여 등 제 보상 지급 시 소득세 원천징수 및 납부, 사회보험료 공제와 납부, 세무 신고 등도 성실하게 실시해야 하기에 회계, 세무, 자금업무 등을 수행하는 회계 관련 부서에서 전담함이 업무 전체에 가장 효율적이기 때문입니다.

06

기업의 인사업무 중 급여 & 복리후생 업무를
아웃소싱 추진 시 기대효과는 어떻게 됩니까?

기업이 급여 & 복리후생 업무를 아웃소싱 추진 시 기대효과는 재무적인 효과와 비재무적인 효과가 있습니다.

첫째, 급여 & 복리후생 아웃소싱 추진 시 재무적인 효과입니다.

급여 담당자 직접 고용에 따른 매년 증가되는 고정비 형태의 인건비 지출이 아닌 아웃소싱에 따른 변동비 형태의 운용이 가능합니다.

기업은 급여 & 복리후생 업무대행 시 수수료를 변동비 형태로 운영함에 따라 임금과 복리후생 비용 등 인건비 총비용을 절감 가능하고, 아웃소싱 수수료 대비 고품질의 안정화된 급여 & 복리후생 업무대행 서비스를 제공받는 강점이 있습니다.

또한 급여 & 복리후생 업무는 행정적이고 정형적인 업무이기에 담당자가 약 7년 이상 직무를 수행하면 역량 향상은 평균적으로 정체기에 접어듭니다.

그런데 기업에서 급여 & 복리후생 담당자를 직접 고용 시 평균 8년 차 수행부터 상위 직무로 전환하지 않는 이상 급여 담당자에 대해 고정비용 부담이 증가할 수 있는데 아웃소싱을 통해 증가되는 비용을 흡수 및 절감할 수 있습니다.

둘째, 급여 & 복리후생 아웃소싱 추진 시 비재무적 효과입니다.

급여 정산과 지급, 4대 사회보험 취득과 신고 및 납부, 근로기준법 준수, 소득세법에 의거 원천징수 및 세금 납부 등 업무추진 시 전문화된 아웃소싱 서비스를 제공받을 수 있습니다.

또한 성과주의 인사제도 운용 시 연봉제 실시에 따른 연봉 보안이 가능하고, 기업의 인사담당자가 인사 부문 핵심 업무에 집중함으로써 인사부서가 회사 성과향상에 기여할 수 있도록 하는데 일조할 수 있습니다.

□ 급여 & 복리후생 업무 아웃소싱 추진 시 재무적 효과 및 비재무적 효과

	재무적 효과	비재무적 효과
특징	- 고정비 형태 인건비를 변동비화 가능 - 저비용으로 고품질의 안정화된 급여 업무대행 서비스 제공받음	- 법적 준수 사항 준용에 따른 리스크 해소 및 방지 - 연봉제 운용 시 연봉 보안 효과 제공 - 인사부서 핵심 인사업무 집중으로 회사 성장 기여 강화 - 인사담당자의 역량 향상 도모 가능

07

기업의 사무 관련 업무 중
아웃소싱 대상 업무는 어떻게 됩니까?

기업에서 사무업무 아웃소싱은 인사, 총무, 회계(재무, 세무), 법무, IT 업무 등으로 추진하며, 물류 분야 아웃소싱과 상이하게 사무업무 아웃소싱은 전체보다 부분 업무 위주로 아웃소싱을 실시함이 특징입니다.

즉 사무업무의 기획과 제도 설계 등 핵심 업무는 기업에서 직접 수행하고 정형적이고 행정적인 반복 업무는 내부 분사 아웃소싱 법인 또는 외부 아웃소싱 업체를 통해 업무 효율을 높여 기업 경쟁력을 강화하는 것입니다.

□ 기업의 사무업무 중 인사 부문 아웃소싱 대상 업무

사무업무	위탁/대행 업무	세부 추진 업무
인사 업무	채용 관리	- 입사지원자 관리 - 각 채용 전형별 합격 및 불합격자 관리
	급여 정산, 지급	- 월 급여, 상여금, 인센티브(성과급), 연차수당 등 - 제 지급금 지급 시 각종 공제금 공제
	퇴직금 정산, 지급	- 퇴직금(중간) 정산, 퇴직금 추계액 정산, 퇴직 보험 관련 보험사 청구, 퇴직 관련 서류 퇴직자 발송 등
	연말정산	- 연말정산 안내문 발송, 연말정산 수행, 세무 신고 전산매체 신고 지원, 개인별 원천징수영수증 발급
	사회보험	- 입·퇴사자의 자격 취득 및 상실 신고, 보수총액 신고, 보수월액(월평균 보수) 변경/신고, 이직 확인서 신고

	복리후생	- 복리후생 지원금 정산/지급(연말정산 과표 포함)
		  학자금, 부임비, 의료비, 개인연금, 주식배당금,
		  주택 대부이자 지원 등
		- 상조 지원: 조사 발생 시 장례용품 지원, 경조금 지급
		- 인사발령에 의한 국내외 이사업체 관리 및 지원
		- 임직원 리프레시 시 콘도/펜션/호텔 객실 예약 지원
		- 명절, 근로자의 날, 창립기념일 선물 선정 및 지급
		- 건강검진 병원 선정 및 건강검진 실시 지원 등

	채용 행정 서비스	- 지원자 서류, 면접 전형 지원 및 합격자 발표 안내 - 신체검사 안내 및 최종 전형, 결과 발표, 발령 지원 - 입사자 오리엔테이션 및 개인 인사정보 관리

□ 기업의 사무업무 중 총무 부문 아웃소싱 대상 업무

사무업무	위탁/대행 업무	세부 추진 업무
총무 업무	행사관리	- 의전 및 행사 지원
	자산관리	- 회사 사인 및 명판 관리 - 자산 취득/처분 부속 업무, 재물조사, 유지 보수 등 - 인허가, 조세공과금, 불용자산 처분 - 고정자산 관리, 부동산 관리 등
	구매관리	- 총무 업무성 구매업무 및 용역계약 (청소, 조경, 식당 등)
	접견실 관리	- 정수기 등 비품관리 - 청결 및 환경 관리
	출입증 관리	- 출입증/카드 키 관리 - 차량 입출입 관리
	식당 관리	- 식당 위생환경 관리, 식권 관리, 급식비 등 관리
	인쇄물 관리	- 복사기, 팩스, 복사용지 관리 - 회사 봉투 등 각종 서류 인쇄물 관리
	연수원 시설관리	- 교육장 관리, 교육 기자재 관리 - 연수원 식당 식수인원 관리 등
	문서 수발 관리	- 문서 수발실 서류 관리 - 문서 수발 업체 관리 등
	차량 관리	- 보유 차량 및 렌트 관리 - 셔틀버스 관리 등
	운전기사 관리	- 운전기사 채용, 근무, 퇴직 등 관리
	민방위 관리	- 민방위 자원관리, 민방위 훈련 관리 등
	시설관리	- 건물 시설관리 - 건물 및 사무실 임대차 관리
	비품관리	- 비품관리, 사무실 레이아웃 등 관리
	피복관리	- 피복관리, 세탁 관리,
	생수 관리	- 건물 내 생수 관리 - 냉온수기 구매 및 유지 관리 등
	시설물 관리	- 미화관리 - 조경관리 - 건축/조경 시설물 유지 보수 등

□ 기업의 사무업무 중 법무 부문 아웃소싱 대상 업무

사무업무	위탁/대행 업무	세부 추진 업무
법무 부문	사업 관련 계약 등 법률 자문 등	- 정보공개서 자문 - 가맹 계약서 관련 자문 - 계약 관련 법률 자문 - 사업 관련 법률/경영 자문 - 사업 관련 분쟁 상담 - 계약 관련 각종 법률문서 작성 및 검토 등

□ 기업의 사무업무 중 IT 부문 아웃소싱 대상 업무

사무업무	위탁/대행 업무	세부 추진 업무
IT 부문	데이터 센터 관리	- 데스크톱 관리 구축 및 운영 관리 - 서버 및 호스트 운영 관리 - 백업 및 복구 관리 - 보안 패치 및 바이러스 관리
	전산 시스템 운영 관리 및 유지 보수	- 전산 시스템 유지 보수 서비스 - 소프트웨어 시스템 관리 및 유지 보수 - 시스템 통합관제 및 유지 보수 - 재해복구 서비스 - 관련 운영 매뉴얼 등 교육
	프로그램 개발, 유지 보수 및 운영 관리	- 프로그램 개발, 변경, 유지 보수 - 사용자 운영지원 - 업무 프로그램 개발 - 시스템 개발자 및 운영자 교육
	보안 및 네트워크 관리	- 웹 애플리케이션 관리 및 시스템 운영 - 네트워크 관리 - 네트워크 인프라 및 통신 서비스 제공 - 신규 시스템 개발과 지원

	컨설팅 관리 서비스	- 업무 프로세스 재설계
		  (BPR : Business Process Reengineering)
		- 정보 전략 계획
		  (ISP : Information Strategy Planning)
		- Solutions Architect
		  AWS 클라우드 아키텍처에 대한 정보 공유하고 기술적 지원을 제공함.

□ 기업의 사무업무 중 회계 부문 아웃소싱 대상 업무

사무업무	위탁/대행 업무	세부 추진 업무
회계(재무, 세무)	회계 관리	- 기장대행 업무 - 원천징수 이행상황 신고 - 재무보고용 회계장부 작성 - 결산보고서 작성 - 지출결의서 회의록 작성 - 증빙관리 - 미수금 관리 - 세금계산서 발급 및 수취 등 - 법인세 신고서 작성과 업무대행 - 소득세 신고서 작성과 업무대행 - 양도소득세 신고서 작성과 업무대행 - 상속세 신고서 작성과 업무대행 - 증여세 신고서 작성과 업무대행 - 종합소득세 신고서 작성 및 업무대행 - 부가가치세 신고서 작성 및 업무대행 - 자금 관리 대행 - 세무 상담 등

기업에서 경쟁력 강화를 위하여
사무업무를 아웃소싱 추진 시 기본 전략은 무엇입니까?

기업이 경쟁력 강화를 위하여 아웃소싱 추진 시 궁극적인 목적을 비용 절감보다 사업의 경쟁력 강화에 중점을 두어야 성공할 확률이 높습니다.

비용 절감만을 목적으로 아웃소싱을 추진하면 비용 절감 효과만 얻을 수 있고 기업 경쟁력 강화 효과는 작기 때문입니다. 아웃소싱 추진 시 인건비 등 비용 절감도 필요하지만 이것이 목적이 되어서는 안 된다는 것입니다.

즉, 기업의 정규 인력 몇 명이 수행하던 업무를 아웃소싱 추진 시 정규인력을 타 직무로 전환하고 인력을 줄여 그만큼의 인건비를 절감했다'로 비용 절감만을 목적으로 하면 아웃소싱 업무에 비효율이 발생하여 장기적으로는 아웃소싱 효과가 반감된다는 것입니다.

또한 아웃소싱은 기업에서 직접 수행 시 대비 업무대행 범위의 증가로만 평가하는 것이 아니라 질적인 부분에서 기업의 성과향상에 얼마나 기여했는가로 평가해야 합니다.

성공적인 아웃소싱은 기업의 성장과 경쟁력 강화 목적에 아웃소싱이 어느 정도 기여했는가로 평가해야 할 것입니다.

이렇게 아웃소싱이 추진 목적을 달성하여 궁극적으로 기업의 성장과 발전에 기여하도록 하려면 고객사(발주회사=수급회사)와 아웃소싱 업체의 관계는 갑을 관계가 아닌 파트너 관계로 규정하고 업무를 추진해야 합니다.

아웃소싱 업체가 사업 관련 인력과 시스템 등 인프라에 투자하여 최고 수준 경쟁력을 보유한 시스템과 프로세스 등으로 고객사에 서비스를 제공하면, 고객사는 이러한 이익을 직접 투자하지 않고 얻을 수 있어야 합니다.

즉, 아웃소싱 업체의 투명화된 정상적인 투자에 고객사가 합리적인 보상을 제공해야 합니다. 그렇게 하여야 아웃소싱 업체의 지속 성장으로 고객사가 높은 품질의 서비스를 제공받아 경쟁력을 강화하고 시장 지배력을 높일 수 있기 때문입니다.

그래서 아웃소싱 추진 과정에 서비스 수준 협약서(SLA) 체결 시 고객사의 실질적인 경쟁력 강화를 위한 내용이 기술되고 실질적으로 서비스를 제공할 수 있도록 하며, 고객사도 아웃소싱 회사의 합리적인 실무인력 양성 및 시스템 구축 등 서비스 경쟁력 강화를 위

기업의 인사부서 업무 중
급여 & 복리후생 업무 아웃소싱 실무지침서

한 투자에 상생의 지원이 필요합니다.

만약 고객사가 상생을 위해 아웃소싱 업체에 합리적인 투자를 지원함에도 아웃소싱 업체에서 고객사 성장과 경쟁력 강화에 기여하지 못할 경우 아웃소싱 업무 재계약을 중지하고 기업에서 인소싱(내재화)하여 직접 수행하거나 타 아웃소싱 업체로 업무대행을 변경하여 기업의 목표를 달성해야 합니다.

기업의 인사부서 업무 중
급여 & 복리후생 업무가 아웃소싱이
가능하도록 한 경영 환경은 무엇입니까?

기업의 인사부서 업무 중 정형적이고 행정적인 급여 & 복리후생 업무를 아웃소싱 추진 시 인사부서가 핵심 업무에 선택과 집중으로 기업의 경쟁력 강화에 기여도를 높일 수 있는 강점이 있습니다.

그리고 아웃소싱 업체도 전문적인 지식과 스킬, 운영 노하우(경험) 등을 갖추고 전문화된 서비스를 제공하기에 기업의 인사부서에서 직접 운영할 때보다 더 높은 수준의 서비스를 고객사(기업) 구성원에게 제공할 수 있습니다.

기업의 인사부서 업무 중 급여 & 복리후생 업무에 대한 아웃소싱 실시 및 확대는 3가지 경영 환경이 있기에 가능했습니다.

첫째, IT (Information Technology 정보기술) 기술의 발달로 IT 인프라가 기업의 업무환경을 획기적으로 개선하였습니다.

인사업무 중 급여 & 복리후생 업무를(연말정산 시 과표에 포함되는 복리후생 제도) 인사 전산 시스템을 통해 온라인으로 처리가 가능하기에 그동안 국내 지역 사업장별로 수행하던 업무를 특정 장소에서 일괄 수행할 수 있고 시스템 보안 관리 강화로 통제가 가능하게 되었습니다.

즉 온라인을 통해 국내 전 지역에 근무하는 구성원의 급여관리, 퇴직금 지급, 인사평가, 복리후생 업무 등 급여 & 복리후생 제반 업무 서비스를 제공할 수 있고 관리와 통제를 할 수 있다는 것입니다.

그리고 4대 사회보험 신고 및 취득과 상실도 IT 인프라 발달로 온라인에서 실시할 수 있음이 급여 & 복리후생 업무의 아웃소싱 확대에 일조하고 있습니다.

둘째, 글로벌 경쟁 기업환경에서 기업은 생존과 성장 발전을 위한 경쟁력을 강화하고자 전략 추진과 의사결정 등을 신속화하고 핵심 역량에 기업 자원을 집중하도록 비핵심 업무는 외부 전문 업체에 아웃소싱을 추진하였습니다.

기업이 경영활동에서 모든 업무를 직접 수행 시 글로벌 경영 환경에서 신속한 의사결정과 대응을 할 수 없기에 사업과 관련된 핵심 업무는 기업 내부에서 추진하고 비핵심 업무는 외부에 전문 업체를 활용함으로써 기업의 경쟁력을 강화한 것입니다.

셋째, 기업의 수요에 의해 시장에서 각 산업 부문별 아웃소싱 관련 신규업체가 사업을 시작하였고, 사무업무 관련 아웃소싱은 IMF 외환위기 이후 1990년대 후반과 2000년대 초반을 기점으로 대기업을 중심으로 내부 분사 아웃소싱이 추진되면서 시장이 활성화되었습니다.

기업의 인사업무 중 급여 & 복리후생 업무를
아웃소싱 추진하면 안 되는 경영 환경은 무엇입니까?

기업의 인사부서 업무 중 급여 & 복리후생 업무를 아웃소싱 추진 시 모든 기업에 효과적인 것만이 아닙니다.

기업에서 아웃소싱을 추진하고자 할 경우에 아래 2가지 경영 현황을 사전에 검토하고 신중하게 접근할 필요가 있습니다.

첫째, 기업의 인사부서 인사전략과 조직문화 등에 아웃소싱 업체가 공감대를 형성하지 못하는 경우 아웃소싱 업체에 업무대행을 위탁하면 안 됩니다. 거의 실패하기 때문입니다.

내부 분사 아웃소싱 신규 법인이 아니고 시장에서 출발한 아웃소싱 업체가 기업의 급여 & 복리후생 업무를 대행 시 고객사 인사부서 인사전략과 조직문화 등에 공감대 저하로 아웃소싱 서비스가 제대로 제공되지 않아 당초 아웃소싱 목적을 달성 못 할 수 있습니다.

즉, 급여 & 복리후생 아웃소싱 실시 결과 인건비 등 제반 비용은

PART 2
기업의 인사업무 중 급여 & 복리후생 업무 아웃소싱 추진 시 사전 검토사항,
운영 유의점, 성공적인 추진을 위하여 무엇을 해야 합니까?

73

절감하였다 하더라도 업무대행의 질과 서비스 등이 기업 내부에서 직접 수행 시보다 저하될 수 있습니다.

이렇게 될 경우 기업의 인사부서 및 구성원 등이 급여 & 복리후생 아웃소싱에 대한 만족도가 낮아지고 인사부서 업무 신뢰에 차질이 발생, 결과적으로 회사에 불만족이 증가할 수 있기에 아웃소싱 업체 선정 시 사전 충분한 검토가 필요합니다.

둘째, 아웃소싱은 단기적으로 제한된 인적자원을 핵심 역량에 투입하는 데 도움을 받을 수 있겠지만, 중장기적인 관점에서는 아웃소싱이 지속적인 가치 제공을 하지 못할 경우 차별적인 역량을 확보하기가 어려울 수 있습니다.

기업의 인사부서의 역할 중 구성원에게 기업 경영목표 달성을 위한 성과 창출에 직접적인 기여를 할 수 있도록 자원을 집중해야 하는데 아웃소싱 업무가 당초 목적을 수행하지 못할 경우 인사부서에서 아웃소싱 업체 관리에 자원을 추가 투입하는 부담이 증가할 수 있습니다.

그렇기에 인사업무 중 급여 & 복리후생 업무를 아웃소싱 추진을 검토할 경우 사전에 기업의 핵심가치와 경쟁력 등을 강화할 수 있도록 아웃소싱 업체를 선정함이 중요합니다.

또한 아웃소싱 업체를 사업의 전략적 파트너로 정의하고 아웃소싱을 실시할 것인지 심도 있는 검토가 필요할 것입니다.

기업의 인사부서 업무 중 급여 & 복리후생 업무를 아웃소싱 추진 시 기업의 경영자가 의사결정에 필수 검토할 사항은 무엇입니까?

기업의 인사제도 중 보상 지급 형태가 연봉제로 보안을 유지할 필요가 있을 경우 외부 아웃소싱 전문 업체에게 업무를 위탁할 경우 높은 효과를 가질 수 있습니다.

그러나 인사제도 중 보상 제도를 구성원 모두 연공급제로 운용하고 인사부서 내 급여 실무자를 채용, 양성, 유지할 수 있는 중견기업 등은 급여 & 복리후생 업무를 무조건 아웃소싱을 한다든지 또는 경쟁회사가 아웃소싱을 실시한다고 따라 할 필요는 없습니다.

기업의 규모를 떠나 아래와 같은 특징이 있을 경우 급여 & 복리후생 업무를 적극 아웃소싱 추진함이 기업 경쟁력 강화에 도움이 될 것이며, 아웃소싱 추진 목적과 추진 후 성과를 명확하게 하여 경영층의 의사결정을 받아야 할 것입니다.

첫째, 임직원에게 연봉제 보상 인사제도를 실시하며 연봉 보안이 필요할 때입니다.

기업의 인사제도 중 성과주의 연봉제 보상 제도를 도입 시 기업의 인사부서 내부에서 업무를 수행할 경우 연봉 보안 준수 및 유지에 어려움이 있을 수 있기에 외부 전문 아웃소싱 업체에서 업무대행으로 연봉 보안을 강화하는 것입니다.

둘째, 기업의 인사부서 경쟁력을 강화하기 위함입니다.

기업의 경쟁력 강화를 위하여 인사부서가 사업 운영에 전략적 파트너로 적극 참여가 필요할 경우 인사업무의 선택과 집중을 통한 핵심 업무 추진으로 기업의 성과향상에 기여하도록 인사부서 업무 중 정형적이고 행정적인 업무는 아웃소싱을 추진하는 것입니다.

셋째, 기업 내 또는 인사부서 내 급여 실무자를 채용, 양성, 유지하기 어려운 경우입니다.

기업 전체 또는 인사부서 내에 급여 담당자를 채용, 양성, 유지(성장)가 어려운 경우 급여 & 복리후생 업무 아웃소싱 전문 업체를 통해 서비스를 제공받음이 인력의 효율적 운용과 총 인건비 등 비용 절감에 좋을 것입니다.

〈용어 정리〉

- 연봉제 : 인사 보상(임금) 제도 중 구성원의 보상이 근속이 아닌 회사 성장의 성과 기여도에 의해 연봉과 연봉 인상이 결정되는 임금구조로 임직원 각자가 동료의 연봉 수준을 모릅니다.

- 연공급제 : 성과가 아닌 근속에 의해 연봉과 연봉 인상이 결정되는 임금구조로 임직원 각자가 동료의 연봉 수준을 알 수 있습니다.

12

기업의 인사업무 중 급여 & 복리후생 업무를
아웃소싱 추진 결과 성과는 어떻게 측정합니까?

인사부서 업무 중 급여 & 복리후생 업무 아웃소싱 추진 결과 성과 측정은 비용 절감, 인사부서 성과향상 기여도, 임직원 서비스 만족도 등 세 가지 관점으로 측정 및 평가할 수 있습니다.

아웃소싱 결과 평가 및 측정 시 가능한 정량적 평가를 실시하며 정성적 평가는 지양함이 좋습니다. 왜냐하면 정성적인 평가를 할 경우 평가대상 기업 또는 개인의 수용성이 떨어지기 때문입니다.

〈용어 설명〉

- 정량적 평가는 객관적인 데이터를 가지고 평가하며 정확한 사실로 평가하는 것입니다.
- 정성적 평가는 숫자로 정확하게 표현하기 어렵고 정성적인 평가를 위해 어떤 노력을 했는지 그리고 얼마나 많은 정성을 들였는가에 대한 평가입니다.

첫째, 아웃소싱 추진 업무에 대한 비용 절감 평가 및 측정입니다.

비용 절감 성과측정은 총비용 차원에서 비교 및 평가할 수 있습니다. 기업에서 직접 업무를 수행 시 부담하는 총비용과 아웃소싱 업체를 활용 시 총비용을 비교하여 성과를 측정하는 것으로 아웃소싱 추진 시 비용 절감 효과가 있어야 합니다.

□ 임직원 1명에 대한 총비용 평가항목 현황

항 목		세 부 항 목
인건비	월 급여	기본급, 제 수당, 식대
	부가 급여	상여금, 성과급(인센티브), 연차수당
퇴직충당금		퇴직금
사회보험		건강보험, 국민연금, 고용보험, 산재보험
복리후생비		경조금, 학자금, 의료비, 재해보험료 등
제반 경비		교육훈련비, 회의비, 잡비, 여비교통비, 교제비, 행사비, 도서인쇄비 소모품, 소모품비, 수선비, 운송비, 통신비, 광고선전비, 감가상각비 지급 수수료, 임차료/임대료, 판촉비 등
잡급		아르바이트 활용 등 공통 경비로 배부되는 비용

둘째, 인사부서 성과향상 기여도 평가 및 측정입니다.

인사부서 성과향상 기여도 평가 및 측정은 업무대행 담당자 위탁업무 이해도, 업무대행 담당자 업무 수행 역량, 업무대행 담당자 소통 역량, 업무 위탁 자료 기일 준수 제출, 업무대행 자료 정확도, 고객사 인사부서 의사결정 지원을 위한 업무대행 담당자 사전 정보제공 역량, 업무 위탁 대행 시 문제 해결 역량 등으로 평가할 수 있습니다.

셋째, 고객사 임직원 서비스 만족도 평가 및 측정입니다.

임직원 서비스 만족도 측정은 아웃소싱 업무대행 회사에 대한 평가, 업무대행 서비스 대행 품질에 대한 평가, 업무대행 담당자 서비스 제공에 대한 평가로 전문성과 합리성, 업무협조, 커뮤니케이션 및 피드백, 최초 업무대행 시 기대효과에 대한 만족도 평가를 실시할 수 있습니다.

기업의 인사부서 업무 중
급여 & 복리후생 업무 아웃소싱 실무지침서

기업에서 급여 & 복리후생 업무를 아웃소싱 추진 시 성공을 위한 전략과 추진 방법은 어떻게 됩니까?

기업에서 급여 & 복리후생 업무 아웃소싱을 성공하기 위한 전략입니다.

아웃소싱 대상 업무 선정과 목적 명확화, 대상 업무의 아웃소싱 시장 및 공급업체 현황 분석, 아웃소싱 공급업체 선정, 아웃소싱 위탁대행 업무 계약 체결, 아웃소싱 대상 업무 인수인계, 아웃소싱 실시, 아웃소싱 실시 과정과 결과 평가, 재계약 추진 시 추가사항 협의 및 반영 등에 대해 아웃소싱 최초 추진 시 기준을 수립하고 매년 기준에 의거 평가를 실시하고 개선할 수 있도록 하여야 아웃소싱을 성공할 수 있습니다.

아웃소싱 도입 후 실패 사유는 기업이 아웃소싱을 도입하면 무조건 총비용이 절감되거나 단기간에 업무 프로세스가 개선되어 기업 성과향상에 기여하는 것이 아니고 성과향상 기여에는 일정 기간이 (약 1-2년) 필요함에도 기업에서는 즉시 효과를 기대하고 있기 때문입니다.

또한 경쟁회사가 아웃소싱을 통해 높은 효과를 보거나 비용을 절감할 수 있다고 하여 사전 충분한 검토나 준비 없이 아웃소싱을 도입하게 되면 부정적인 결과를 가져올 수 있습니다.

대표적인 실패 사례로는 경영진과 인사부서 직원들이 아웃소싱에 대해 사전 명확한 목적 없이 추진하거나 또는 부정적인 인식을 가지고 추진하기 때문입니다.

그리고 최초 아웃소싱 도입 실무자가 타 직무로 전환한 후 현재 담당자가 아웃소싱 업무에 대해 운영 지식과 스킬 등이 부족하고 아웃소싱 업체에 대해 파트너십이 아닌 갑을 관계로 접근하여 비합리적인 방법으로 추진함도 실패 원인 중 하나입니다.

즉, 성공적인 아웃소싱을 위해서는 아웃소싱 업무와 아웃소싱 업체를 자유방임형으로 관리하지 않고 아웃소싱 목적에 준하여 관리하며, 아웃소싱 업무에 대한 목표관리를 명확하게 하고, 아웃소싱 업무 관리를 위한 R&R과 프로세스 등을 구축하여 아웃소싱 실패율을 낮추고 성공률을 높여야 할 것입니다.

기업 인사부서 업무 중 급여 & 복리후생 업무를
내부 분사 아웃소싱 추진 시 성공적인
운영을 위한 필요사항은 무엇입니까?

기업의 인사부서 수행업무는 무엇이며
상호 어떠한 연관성을 가지고 있습니까?

기업의 인사부서 업무는 채용, 조직 배치, 육성과 교육, 평가와 보상 및 보상 지급, 복리후생 지원, 변화관리, 총무 지원 업무 등으로 운영이 됩니다.

□ 인사부서 업무 중 채용업무 소개

인사업무	업무 소개	인사부서 내 업무 간 연관성
채용	기업이 경영활동 목적에 적합한 인력을 확보하기 위하여 역량 있는 사람들을 모집하는 활동 내지 그 과정을 채용이라고 합니다. 채용은 채용절차의 공정화에 대해 법률적 제한을 받으며 국가나 지방자치단체 그리고 30인 이상 사업장에 대해 법적 사항을 준수하도록 하고 있습니다.	조직 배치를 위해 조직 배치 담당자에게 채용 대상 직무 및 필요 역량과 T/O (채용인력 규모) 등을 요구할 수 있으며 채용 후 채용 확정자 인사정보를 제공합니다. 총무 담당자에게 개인 정보, 직무 정보, 배치 조직, 근무일정 등을 공유합니다.

□ 인사부서 업무 중 조직 배치 업무 소개

인사업무	업무 소개	인사부서 내 업무 간 연관성
조직 배치	채용한 직원 또는 현재 근무자에게 직무를 부여하는 것을 배치라고 합니다. 기업에는 다수의 직무가 있고 그 직무를 가장 잘 수행할 구성원이 수행하여 조직의 성과를 높이는 한편 구성원의 직무만족도를 높여야 합니다. 배치는 직무 요건, 직무 수행 시 부담 요인(긴장, 작업조건)과 제공하는 긍정 요인(업무지시, 흥미, 협업 기회, 승진 기회 등)을 고려하여 최적의 직무를 부여하도록 배치를 하여야 합니다.	채용 담당자에게 채용에 필요한 채용 대상 직무 및 필요 역량과 T/O (채용인력 규모) 등을 제공하며, 조직 구성원의 육성과 교육을 위해 교육담당자에게 직급별/직무별 등 필요 역량 정보를 제공받고 육성과 교육을 위해 필요한 역량과 직무분석 현황을 제공합니다.

□ 인사부서 업무 중 육성과 교육 업무 소개

인사업무	업무 소개	인사부서 내 업무 간 연관성
육성과 교육	기업에서 육성과 교육은 직무수행을 통해 조직의 목표를 달성하도록 구성원들이 직무 관련 지식과 기술 및 직무 수행 관련 태도나 자세 등을 학습하고 습득하게 하며, 바람직한 직업관, 가치관, 태도 등을 갖도록 변화를 촉진하는 활동이 육성과 교육입니다. 기업에서 교육은 지식, 기술 등을 배우고 인격을 함양한다는 의미이고, 훈련은 직무수행을 위한 기본자세나 동작 따위를 되풀이하여 익혀서 자기 것으로 한다는 것을 의미합니다.	평가/보상 담당자에게 구성원의 평가 결과 성장을 위한 필요 교육정보를 제공받습니다. 그리고 구성원이 경력개발 경로에 따른 필요 역량 교육을 실시 후 그 결과를 평가/보상 담당자에게 공유합니다.

PART 3
기업 인사부서 업무 중 급여 & 복리후생 업무를 내부 분사 아웃소싱 추진 시
성공적인 운영을 위한 필요사항은 무엇입니까?

87

□ 인사부서 업무 중 평가와 보상 업무 소개

인사업무	업무 소개	인사부서 내 업무 간 연관성
평가와 보상	평가는 직장의 상사가 소속 구성원에 대해 보통 1년간 사전에 정해진 일정한 기준 또는 목표에 대해 달성한 근무 성적을 분석하여 업무 수행상의 업적, 직무태도, 잠재 능력 등을 상위자(상사)가 측정, 평가하여 최종 등급을 결정하는 것으로 인사고과, 종업원 평가, 성적 평가, 업무평가, 능력 평가 등 다양하게 표현이 됩니다. 보상 제도와 연계는 각 구성원 평가 결과를 임금 인상률 조정 시 반영, 적재적소 재배치, 강점과 보완점을 파악 적절한 지도 및 맞춤식 교육제도 반영 등을 통하여 구성원의 동기부여, 역량 향상, 성과 달성 등을 높이기 위함이 목적입니다.	노동부 등 대외 법적 통계자료를 제공하며, 조직의 회계 및 경영정보에 인건비 예산을 반영토록 하고, 평가/보상 담당자에게 구성원의 평가 결과 성장을 위한 교육을 실시할 수 있도록 평가 결과 정보를 제공합니다. 그리고 조직 배치 담당자에게는 구성원의 평가 결과 역량 수준을 공유하여 배치에 반영토록 하고, 보상 지급 담당자에게 역량 평가 결과를 반영한 처우 수준을 공유합니다.

□ 인사부서 업무 중 보상 지급 업무 소개

인사업무	업무 소개	인사부서 내 업무 간 연관성
보상 지급	보상이란 사용자가 근로의 대가로 근로자에게 임금, 봉급, 그 밖에 어떠한 명칭으로든 지급하는 일체의 금품을 말합니다. 보상은 직접적 보상으로 임금(기본급, 부가급여, 성과급)과 포상, 스톡옵션, 종업원 지주제 등이 있으며, 간접보상으로는 복리후생 지원이 있습니다.	보상 지급 담당자는 채용담당자에게 신입/경력 입사자 등 처우 보상 정보를 제공받아 반영합니다. 그리고 인원 및 인건비 지급 실적을 조직 배치 담당자에게 공유하여 조직운영에 반영토록 합니다. 구성원의 보상 지급 관련 지급 현황 및 사회보험 등 공제 자료 등을 회계부서 등 유관부서와 공유하고, 구성원에게 보상을 지급하기 위하여 은행, 보험사 등에 필요 자료를 공유합니다.

□ 인사부서 업무 중 복리후생 지원 업무 소개

인사업무	업무 소개	인사부서 내 업무 간 연관성
복리후생 지원	복리후생은 종업원의 생활 안정, 생활 수준의 향상, 건강 등을 유지하기 위해 제공되는 임금 외의 간접적인 급부를 뜻합니다.	채용담당자에게 입사자의 개인 및 가족 정보와 근무 일정 등을 제공받아 복리후생 수혜가 발생 시 제도를 실행합니다.
	즉 기업이 주체가 되어 소속 임직원과 그 가족을 대상으로 제공하는 임금 이외의 간접적인 보상으로서 각종 복지시설 및 제도 등을 포함하는 물질적, 정신적 지원 제도를 뜻합니다.	복리후생 업무에 대해 변화관리 담당자를 통해 구성원의 만족도 조사를 통해 구성원의 니즈를 반영, 제도 개선과 신규 도입을 검토하고 추진합니다.
	일반적으로 임금은 임직원 개인에 대한 보상으로 지급하지만, 복리후생비는 임직원 집단을 대상으로 하는 집단 보상의 성격을 갖고 있습니다.	대외 복리후생 지원 협력사와 복리후생 지원 관련 정보를 공유하되 개인 정보가 누출되지 않도록 합니다.

□ 인사부서 업무 중 변화관리 업무 소개

인사업무	업무 소개	인사부서 내 업무 간 연관성
변화관리	변화관리는 조직 구성원의 직무수행 행동과 방식의 변화를 이끌어 내는 혁신 과정을 조정하고 관리하는 모든 활동으로 조직을 경영 환경과 일치하도록 만들어가는 과정이라고 할 수 있습니다.	조직 구성원의 근무 만족도를 조사하여 인사제도 변경, 개선 등은 각 인사담당자에게, 사무환경 변경, 개선 등은 총무담당자에게 공유하여 변화를 추진하도록 하고 결과를 확인하여 구성원의 근무 만족도가 개선되도록 합니다.
	기업은 경쟁의 심화, 정보기술의 발달, 고객의 욕구 변화, 노동력 구성의 변화, 조직 구성원들의 불만 및 불안 증가 등과 같은 환경적 특성이 바뀌면 기업은 경쟁적 우위를 확보하기 위해 조직의 구조, 전략, 제반 시스템, 그리고 조직 문화를 바꾸어야 합니다.	그리고 회사 성장을 위한 변화관리에 대해 경영층에게 보고하고 경영 의사 결정 등이 구성원 모두에게 공유되고 실천되어 회사 경쟁력 강화 및 성장에 기여할 수 있도록 합니다.
	그리고 조직의 구성원들을 경영 환경의 변화된 특성에 적극 수용하고 조화를 이루도록 하는 과정이 변화관리인 것입니다.	

□ 인사부서 업무 중 총무 지원 업무 소개

인사업무	업무 소개	인사부서 내 업무 간 연관성
총무 지원	총무 지원 업무는 직원들이 업무에 집중할 수 있도록 사무환경을 관리하고 다양한 편의를 제공하며, 업무 활동에 필요한 비품, 소모품을 제공하고 각종 자산(생산설비 외)을 관리합니다. 총무 지원 업무를 구체적으로 보면 비품관리 업무로 회사의 업무 수행에 필요한 사무기기 가구 등 비품을 전사적으로 구입해 임직원에 제공 및 유지 보수합니다. 부동산 및 사무실 임대차 관리 업무는 회사의 사업목적에 필요한 부동산을 매입/매각 관리하고 사무공간 확보를 위한 계약을 관리하며 건물 시설관리(생산설비를 제외한 모든 건물, 시설물 유지 보수하고 관리), 차량관리, 임직원 복리후생 관리, 쾌적한 사무환경 관리, 단체 행사(시무식, 종무식, 창립기념일 행사, 체육 단합대회)관리, 문서 및 인장 관리(법인 인감, 사용 인감), 양식 인쇄물 관리, 사무용 소모품 조달 관리, 사원 출장 지원 등의 업무를 말합니다.	변화관리 담당자가 제안한 구성원의 사무환경 개선을 위한 활동을 추진하고 결과를 공유합니다. 회사 제반 행사 계획과 행사 실시 및 결과 등을 유관부서와 구성원 등에게 공유하여 회사가 추구하는 방향에 구성원들이 적극 동참하고 한 방향으로 나아갈 수 있도록 실시합니다. 회사 업무 시 필요한 인허가 등 관련 법적 기준을 준수, 적기 지원할 수 있도록 준비하고 대관 유관부서 및 협력업체와 관계를 효율적으로 운영합니다.

02

기업의 인사부서 업무 중 내부 분사화 아웃소싱 추진 시 대상 업무는 무엇입니까?

기업의 인사부서 업무 중 핵심 업무를 제외한 비핵심 업무 중 내부 분사화를 통한 아웃소싱 업무는 행정적이고 정형적인 업무입니다.

즉, 매월 반복되는 업무로 별도 전문화를 통해 인사부서의 핵심 업무를 지원하고 임직원에게는 근무에 몰입할 수 있는 업무 집중 환경을 제공하는 것입니다.

인사부서 업무 중 아웃소싱 대상 직무는 월 급여 정산 지급, 퇴직금 정산 지급, 연말정산, 사회보험 가입 및 관리, 복리후생 지원, 제증명서(재직 및 경력증명서, 근로 및 퇴직소득 원천장수영수증 등) 발급 등 정형적인이고 행정적인 인사업무 관련 서비스 품질을 높이는 것입니다.

PART 3
기업 인사부서 업무 중 급여 & 복리후생 업무를 내부 분사 아웃소싱 추진 시
성공적인 운영을 위한 필요사항은 무엇입니까?

91

□ 기업의 인사부서 업무 중 내부 분사화 아웃소싱 가능 업무 현황

대상 업무	세부 추진 업무
인사 업무	급여 정산 및 지급 퇴직금 정산 및 지급 연차수당 정산 및 지급 연말정산 실시 사회보험 가입 및 관리 복리후생 지원 업무 채용 행정 서비스 업무 등
총무 업무	자산관리, 시설물 관리 사무실 임대차 관리 건물 보안 및 안내 관리 사무환경 관리 차량 및 운전기사 관리 자산 구매 관리 출입증 관리 식당 관리 인쇄물 관리 비품 관리 피복 관리 조경 관리 생수 관리 등
교육 업무	연수원 시설물 관리 교육과정 신청 및 이수 관리 교육 프로그램 운영 및 관리 교육 운영 결과 피드백 관리 등

03

기업은 인사부서 업무 중 급여 & 복리후생 업무를 왜 아웃소싱합니까?

우리나라 대기업 및 중견기업의 조직문화는 대부분 보수적인 성향을 가지고 있으며, 기업의 정보와 임직원의 개인 인사자료 등에 대하여 보안의식이 매우 높고 강합니다.

그 결과 임직원의 급여와 복리후생 정보 등에 대한 관리는 무조건 기업 내부에서 직접 관리해야 하는 것으로 인식하고 있는 경우가 많습니다.

그러나 글로벌 기업은 인사부서가 핵심 업무를 수행하기 위하여 정형적이고 행정적인 급여 & 복리후생 업무는 아웃소싱을 추진하고 있습니다. 즉 기업의 투명경영을 통한 경쟁력 강화를 도모하기 위하여 보안준수를 전제요건으로 비핵심 업무에 대해 아웃소싱을 실시하는 것입니다.

상기와 같은 우리나라 기업의 경영 환경에서 임직원 개인 정보 관련 재직 및 경력증명서 발급, 근로소득 및 퇴직소득 원천징수영수증 발급 등을 인사부서 내부에서 수행하던 기업들이 임직원의 급여 & 복리후생 업무까지 확대하여 아웃소싱 전문 기업에 업무대행을 위탁하고 있는데 그 이유는 무엇일까요?

기업이 급여 & 복리후생 업무를 내부 분사화 아웃소싱 전문 기업 등에 아웃소싱하는 이유는 아래와 같은 두 가지 측면에서 볼 수 있습니다.

첫째, 1997년 IMF 이후 성과주의 인사제도 도입에 따라 보상 제도가 연공급제에서 연봉제로 전환되며 연봉의 보안 유지 필요성 대두, 기업의 경쟁력 강화를 위한 경영효율 차원에서 관리 조직의 슬림화를 위한 인력 구조조정과 총비용 절감 추진, 급여 실무 전문가에 의한 서비스 경쟁력 강화가 목적일 것입니다.

둘째, 1997년 IMF 외환위기 이후 성과주의 보상체계 도입 시 정보시스템 인프라의 강화로 개인 정보 보안에 대한 불안감을 해소할 수 있고, 급여 & 복리후생 업무를 외부 아웃소싱 전문 기업에 위탁하더라도 기업 내부에서 실시간으로 의사결정이 가능하고 보안을 준수할 수 있었기 때문입니다.

만약 정보시스템 인프라 강화를 통한 기업과 아웃소싱 회사 상호 간 쌍방향 의사결정 커뮤니케이션이 원활하지 못했다면 기업은 사무업무 관련 아웃소싱은 지양하고 총무, IT, 물류, 생산라인 업무 등에서 제한적으로 실시하였을 것입니다.

그렇다면 위에서 언급한 급여 & 복리후생 업무 아웃소싱이 가능하도록 한 기업 인사부서의 배경을 살펴보겠습니다.

먼저 우리나라 기업들은 1997년 IMF 외환위기 이후 보상 제도에서 연공급제를 폐지하고 성과와 연동한 연봉제를 성과주의 보상 시스템으로 본격적으로 도입하여 성과 창출을 독려하고 우수성과자에 대한 보상을 강화하려는 경영 환경이 출현 하였습니다.

그런데 연봉제도 운용 시 구성원의 연봉이 오픈 되면 구성원은 상대적 비교 심리에 의해 자신의 연봉에 대해 수용성이 낮아지고 조직 내 갈등으로 회사 성장에 저해를 받는 등 조직 및 인력 관리 등에 문제가 있을 수 있음에 구성원의 급여 & 복리후생 업무를 기업의 인사부서 내부에서 분리 후 외부 아웃소싱 전문 회사에 위탁대행하여 연봉 보안을 추진하게 되었습니다.

다음으로 성과주의 연봉제 운용 시 급여 & 복리후생 업무를 기업의 인사부서에서 직접 수행 시 구성원의 연봉을 추정할 수 있는 관련 업무 실무자(급여 담당자, 4대 사회보험 담당자, 급여 관련 전산 시스템 운영자, 재무부서 담당자자)로 인하여 구조적으로 완벽한 연봉 보안 유지가 불가능하기에 급여업무 및 4대 사회보험 관련 업무도 외부 아웃소싱 전문 기업에 위탁대행을 실시하게 되었습니다.

마지막으로 기업 경영활동에서 신속한 의사결정을 통한 경쟁력을 강화하기 위하여 조직 슬림화를 통한 인력 구조조정과 핵심 업무에 구성원의 역량을 집중하도록 비핵심 업무를 아웃소싱 실시하여 총비용을 절감하려는 목적도 있습니다.

즉, 기업의 경영활동에서 총비용을 절감하기 위하여 기업 내부에서 비핵심 업무를 직접 수행하는 것보다 아웃소싱을 실시함이 효과적이기 때문으로 기업은 인력의 직접 운영 비용을 줄이고 구성원은 생산성 높은 직무로 전환하여 기업 성장에 기여할 수 있기 때문입니다.

기업의 인사부서 업무 중
급여 & 복리후생 업무 아웃소싱 실무지침서

기업이 인사부서의 급여 & 복리후생 업무를 내부 분사 아웃소싱 추진 시 전결 범위는 어떻게 됩니까?

기업의 인사부서가 인사업무 중 행정적이고 정형적인 업무를 내부 분사화하여 아웃소싱(업무 위탁대행)을 실시할 경우 고객사(모기업)와 아웃소싱 회사가 업무의 R&R(역할과 책임)을 명확히 하여 아웃소싱 추진 목적을 달성하도록 실무수행 시 업무의 전결 범위를 설정하는 것이 중요합니다.

왜냐하면 내부 분사화 아웃소싱 업무대행 시 문제가 발생할 경우 책임소재를 명확하게 하여야 아웃소싱 효과를 높일 수 있고 상생할 수 있기 때문입니다.

〈용어 설명〉

- R&R (Role and Responsibilities) : 기업의 조직에서 직무의 개별 프로세스 및 조직의 구성원들이 수행해야 할 직무의 역할과 그 역할의 수행에 따른 책임 관계를 의미합니다.

□ 급여 & 복리후생 업무 아웃소싱 추진 시 고객사와 아웃소싱 회사 업무
  전결기준 현황

고객사 인사부서 결재	발생 빈도	아웃소싱 회사 결재(전결)	발생 빈도
월 급여 지급 품의서 결재 - 지급 품의서 아웃소싱 회사 작성	매월	복리후생비 사회보험료 납부 - 지급 품의서 고객사 최종 결재	매월
상여금 지급 품의서 결재 - 지급 품의서 아웃소싱 회사 작성	적용 기준	복리후생비 의료비 지급 - 지급 품의서 고객사 최종 결재	매월
인센티브 지급 품의서 결재 - 지급 품의서 아웃소싱 회사 작성	연 1회	복리후생비 부임비 지급 - 지급 품의서 고객사 최종 결재	매월
연차수당 지급 품의서 결재 - 지급 품의서 아웃소싱 회사 작성	연 1회	복리후생비 기타 항목 지급 - 지급 품의서 고객사 최종 결재	매월
기타 제 수당 지급 품의서 결재 - 지급 품의서 아웃소싱 회사 작성	매월	제 수당 지급 - 지급 품의서 고객사 최종 결재	매월
퇴직금 지급 품의서 결재 - 퇴직금 정산자료 아웃소싱 회사 작성	수시	퇴직금 정산, 지급 - 정산 품의서 고객사 최종 결재	수시
복리후생비 지급 품의서 결재 - 복리후생 각 항목별 지급 품의서 아웃소싱 회사 작성	매월		
단체보험 재계약 및 보험료 결재 - 지급 품의서 아웃소싱 회사 작성	적용 기준		
근로소득, 퇴직소득 관련 소득세 원천세 & 연말정산 신고	매월	소득세(근로소득, 퇴직소득) 관련 납부자료 마감자료 제공 연말정산 실시	수시

기업의 인사업무 중 급여 & 복리후생 업무를 내부 분사 아웃소싱 추진 시 아웃소싱 법인의 대표이사, 경영진, 실무자 등을 어떻게 선정합니까?

기업 인사부서 업무 중 급여 & 복리후생 업무를 내부 분사 아웃 소싱을 추진 시 목적을 명확히 이해하고 역할을 잘 수행할 수 있는 대표, 경영진, 실무자 등을 선정해야 아웃소싱 추진 업무의 조기 안 정화로 목적을 달성할 수 있습니다.

첫째, 내부 분사 아웃소싱 법인의 대표이사 선정 시 유의할 점입 니다.

내부 분사 아웃소싱 회사의 대표이사는 아웃소싱 회사 출범 시 법 인설립 준비, 설립 주관 그리고 회사 출범 후 경영을 총괄하기에 급 여 & 복리후생 실무 업무를 10년 이상 경험한 자로 선정해야 아웃 소싱 업무 전체를 알고 통솔하며 아웃소싱 목적을 원활하게 달성할 수 있습니다.

그리고 내부 분사 아웃소싱 회사 대표 대상자가 고객사(모기업)의 간부급(차장 또는 부장) 위치에서 3-5년 정도 리더십을 경험한 자를 선임함이 고객사(모회사)와 소통을 강화하고 아웃소싱 회사의 경영을 총괄하며 업무대행을 조기 안정화하고 성장을 도모하는 데 좋을 것입니다.

또한 내부 분사 아웃소싱 회사의 대표이사를 선임 전에 대표이사 선임 후 연임, 중도 퇴임, 정년 등을 명확하게 확정한 후 서류화하여 날인하고 쌍방이 보관하고 있어야 향후 대표이사 연임, 교체, 정년 등 사유가 발생 시 갈등을 방지할 수 있을 것입니다.

둘째, 내부 분사 아웃소싱 법인의 경영진 선정 시 유의할 점입니다.

내부 분사 아웃소싱 법인 출범 시 아웃소싱 법인의 인력 규모를 참조하여 경영진 규모를 결정하되, 3-4년 후 아웃소싱 사업의 성장을 반영하고 아웃소싱 범인 출범 시 초기 안정화를 도모할 수 있도록 총비용 부담을 고려하여 선정함이 좋을 것입니다.

그리고 경영진 선정 시 대상자 역량은 내부 분사 아웃소싱 법인의 운영을 총괄하기에 급여 & 복리후생 실무 경험이 최소 7년 이상 수행자로 하되, 인사부서 직무 중 채용, 평가, 연봉(임금) 조정, 인원 및 인건비 경영계획 수립, 조직(노사) 관리와 교육 운영, 총무 업무까지 경험자로 선임하면 최적일 것입니다.

셋째, 내부 분사 아웃소싱 법인의 실무자 선정 시 유의할 점입니다.

급여 & 복리후생 업무대행 실무자는 급여 실무 최소 4년 이상 경험자로 선임하고, 복리후생 담당자는 사회보험 관리 및 정산을 최소 3년 이상 경험한 자를 선임하여야 업무대행 초기에 조기 안정화를 도모할 수 있을 것입니다.

특히 내부 분사 아웃소싱 법인의 제반 보상처우는 고객사(모회사)와 비교 시 낮기에 아웃소싱 회사 출범 후 신규 인력 채용 시 우수 인력 구인이 어렵고, 신규 인력 채용 이후 인력 양성은 기존 실무 경험자들의 OJT 실무교육을 통해 추진됨이 특징이기에 실무자 양성 시 일정 기간 투자가 필요합니다.

내부 분사 아웃소싱 법인 신규 출범 후 신입사원 실무 양성 시 가장 좋은 방법은 구성원 중 멘토를 선임하고 OJT 방식으로 교육하는 것으로, 멘토 선임 대상자는 급여 & 복리후생 실무 경험이 최소 3년 이상이어야 기대를 충족할 수 있기에 실무자 선정 시 특히 유의해야 합니다.

〈용어 설명〉

- OJT (On-the-Job-Training)

직장 내에서 배치된 직무에 필요한 지식, 기능, 태도 등을 계획적으로 교육하는
것으로 신규로 직무를 수행하는 직원들이 자신이 담당하고 있는 직무에 대하여 멘토
(직속 상사)로부터 수행 방법이나 내용에 대해서 교육받는 것을 말합니다.
OJT는 다른 교육·훈련 프로그램들과는 달리 직원들이 자신의 과업을 수행하는
과정에서 교육을 받기 때문에 직무 성과에 직접적인 영향을 미칠 수 있음이 특징이
며, 무엇보다 멘토(직속 상사)의 역할이 중요합니다.

마지막으로 내부 분사 아웃소싱 법인의 출범 목적은 고객사(모회
사)의 성과 향상을 지원하기 위함이기에 아웃소싱 법인 출범 시 고
객사의 범위를 고객사(모회사)와 그룹 계열사로 한정할 것인지 아니
면 그룹 외에 외부 회사까지 확대할 것인지 결정하는 것입니다.

내부 분사 아웃소싱 법인 신규 출범 시 고객사 범위를 명확하게
하여야 아웃소싱 회사 스스로 경쟁력 강화를 도모하고, 외부 회사까
지 확대 시 고객사(모회사)와 갈등을 사전에 방지할 수 있기 때문입
니다.

06

기업이 급여 & 복리후생 업무를 내부 분사 아웃소싱 추진 시 실무자를 아웃소싱 법인으로 전환하기 위한 검토사항은 무엇이 있습니까?

기업에서 내부 분사화를 통한 아웃소싱 법인 출범 시 아웃소싱 회사의 처우는 고객사(모회사)와 비교 시 연봉 및 복리후생 처우에서 상대적 차이로 매우 낮습니다.

사유는 아웃소싱 대상 직무는 대부분 정형적이고 행정적인 업무로 직무수행 기간이 일정 시점에 도달 시 더 이상 실무자의 역량 향상이 적다고 판단하기 때문입니다.

아웃소싱 대상 직무에 대한 기획과 제도 설계 등은 고객사(모회사)에서 실시하고 아웃소싱 회사의 실무자는 오퍼레이팅(작업 수행)이 주 업무가 되기 때문에 직무가치가 상대적으로 낮아 처우도 고객사(모회사) 비교 상대적 열위(낮은) 수준입니다.

또한 고객사(모회사)는 아웃소싱 추진 시 기대효과 중 비용 절감을 가장 큰 효과로 기대하고 있기 때문이기도 합니다.

PART 3
기업 인사부서 업무 중 급여 & 복리후생 업무를 내부 분사 아웃소싱 추진 시
성공적인 운영을 위한 필요사항은 무엇입니까?

103

상기와 같은 직무수행 환경에서 내부 분사 아웃소싱 법인의 실무자가 고객사(모회사)에서 아웃소싱 회사로 전환 시에는 근로기준법상 퇴직을 하고 전환을 하여야 합니다.

즉, 전환 대상 직무의 실무자는 아웃소싱 신규 법인에서 연봉과 복리후생 등 처우를 새롭게 적용받기에 실무자 전환 시 3가지 관점에서 충분하고 완벽한 검토를 하여야 조기 조직 안정화를 도모할 수 있습니다.

고객사(모회사)에서 내부 분사 아웃소싱 법인으로 신분 전환은 희망자에 한하여 전환 대상자를 선정해야 합니다.

아웃소싱 법인 신규 출범 당시 전환자의 처우는 고객사(모회사)에서의 처우와 동등 수준으로 적용되어야 하며, 아웃소싱 법인의 미션(업무 목적)을 이해하고 서비스 마인드를 보유한 자로 전환대상자를 선정함이 조기 조직 안정화를 도모할 수 있음에 반드시 준수해야 할 것입니다.

내부 분사 아웃소싱 법인의 구성원 중 고객사(모회사)에서 전환할 대상자 선정 시 유의할 사항을 3가지 관점에서 구체적으로 살펴보겠습니다.

첫째, 내부 분사 아웃소싱 신규 법인 출범 시 아웃소싱 대상 업무를 수행할 실무자는 고객사(모회사)에서 아웃소싱 대상 업무를 직접 수행하고 있던 실무자 중 전환 희망자에 한해 전환을 실시해야 합니다.

왜냐하면 내부 분사 아웃소싱 법인 출범 시 아웃소싱 회사의 인사 제도와 처우 제도 등을 별도 신설하여 운영하며 고객사(모회사)에서 수혜를 받던 복리후생 제도는 아웃소싱 회사에서는 예산운용 등으로 제도운용이 불가능하기 때문입니다.

고객사(모회사)에서 아웃소싱 회사로 전환하는 대상자의 아웃소싱 회사에서의 처우는 고객사(모회사) 근무 시 수혜를 받던 복리후생 항목은 금액을 환산하여 연봉 처우로 흡수해야 합니다.

왜냐하면 아웃소싱 법인 출범 후 신규채용 인력에 대한 연봉 처우는 아웃소싱 동종업계 수준에서 적용하고 모든 구성원에 대한 복리후생 제도는 공평하게 적용하여야 인사제도에 대해 구성원이 신뢰를 갖기 때문입니다.

고객사(모회사)에서 아웃소싱 대상 직무를 수행하던 실무자는 고객사(모회사)에서 다른 직무로 전환하여 계속 근무를 할지 아니면 고객사(모회사)를 퇴직하고 아웃소싱 신규 법인으로 신분을 전환하여 수행하던 급여 & 복리후생 업무를 계속 수행할지 여부를 대상자 본인이 직접 선택해야만이 아웃소싱 법인 출범 과정에 실무자로 전환할 경우 갈등 없이 업무 몰입이 가능하기 때문입니다.

만약 아웃소싱 법인 출범 시 실무자로 전환을 희망하지 않은 인력

PART 3
기업 인사부서 업무 중 급여 & 복리후생 업무를 내부 분사 아웃소싱 추진 시
성공적인 운영을 위한 필요사항은 무엇입니까?

105

을 구조조정 차원에서 인사발령에 고객사(모회사)를 퇴직한 후 아웃소싱 법인으로 전환할 경우 아웃소싱 신규 법인에서 업무 몰입도가 저하되고 불평불만 제기 등으로 아웃소싱 신규 법인의 조기 업무 안정화 및 조직문화 구축 등에 큰 걸림돌이 될 수 있습니다.

둘째, 내부 분사 아웃소싱 신규 법인 출범 시 고객사(모회사)를 퇴직 후 아웃소싱 신규 법인으로 전환자의 연봉 처우는 고객사(모회사)에 재직 시 연봉 처우와 동등 수준으로 적용해야 합니다.

즉 아웃소싱 신규 법인으로 전환 대상자에 대한 연봉 등 임금성 처우가 최소한 동등 수준이 되어야 전환 대상자가 고객사(모회사)의 대외적으로 좋은 평판, 브랜드 충성도, 높은 인사제도 및 복리후생 제도 등을 포기하고 대외 인지도 및 브랜드 파워가 거의 없는 아웃소싱 신규 법인으로 긍정적인 전환을 검토할 수 있기 때문입니다.

만약 고객사(모회사)에서 급여 담당 업무를 수행하는 인력이 아웃소싱 신규 법인으로 전환하지 않고 고객사(모회사) 잔류 시 수행 직무는 급여 & 복리후생 업무가 아닌 새로운 직무를 부여받아 수행해야 하기에 대상자가 가지는 부담도 있을 것입니다.

그리고 고객사(모회사)에서 잔류하여 새로운 직무를 부여받은 대상자에 대한 연봉 처우 등을 통상적으로 매년 인상해야 하는 고객사(모회사)의 부담도 발생하기에 내부 분사 아웃소싱 법인 출범 초기 고객사(모회사)에서 아웃소싱 법인으로 전환하는 실무자에 대해 현재와 동등 수준의 적정한 보상 처우를 적용하는 것을 긍정적으로 검토할 필요가 있습니다.

☐ 모회사에서 아웃소싱 신규 법인으로 전환자에 대한 보상 처우 적용 예시 현황

	모회사 근무 시	아웃소싱 신규 법인 전환 시	비 고
근로에 대한 보상 제도	연봉	총연봉으로 통합 적용	
	복리후생 공통비용		
	제 수당	제 수당	- 모회사와 아웃소싱 법인의 세부 적용 제도는 다를 수 있음
은혜적 성격 보상 제도	식대	식대	
	복리후생 학자금 지원 제도	제도 운용	
	복리후생 의료비 지원 제도		

셋째, 고객사(모회사)에서 아웃소싱 신규 법인으로 전환할 실무담당자가 갖추어야 할 역량과 소양은 실무지식 외에도 유연한 사고와 서비스 마인드 등을 보유해야 합니다.

아웃소싱 대상 업무인 급여 & 복리후생 업무는 매월 지급 일자 또는 사회보험 납부 일자 등을 준수하여 정확하게 정산하여 지급 일자 2일 전에 고객사(모회사) 인사부서 결재를 득하고 자금을 확보하여 지급 일자에 정확하게 지급 또는 납부되어야 합니다.

임금은 근로기준법 제43조 임금 지급 4대 원칙을 반드시 준수하여 지급하여야 하며, 사회보험료는 매월 10일(10일이 공휴일일 경우 익일) 납부를 완료해야 합니다.

근로기준법 제43조 임금 지급 4대 원칙을 준수하지 않을 경우 징역 또는 벌금에 처하며, 지급 대상자인 고객사(모회사) 임직원의 일상생활에 큰 불편을 초래하고 회사에 대한 신뢰에 차질을 가져올 수 있기 때문입니다.

〈근로기준법 제43조 임금 지급〉

- 임금은 통화로 직접 근로자에게 그 전액을 지급하여야 한다. 다만, 법령 또는 단체협약에 특별한 규정이 있는 경우에는 임금의 일부를 공제하거나 통화 이외의 것으로 지급할 수 있다.

- 임금은 매월 1회 이상 일정한 날짜를 정하여 지급하여야 한다. 다만, 임시로 지급하는 임금, 수당, 그 밖에 이에 준하는 것 또는 대통령령으로 정하는 임금에 대하여는 그러하지 아니하다.

- 109조(벌칙) 제43조를 위반한 자는 3년 이하의 징역 또는 2천만 원 이하의 벌금에 처한다.

따라서 급여 & 복리후생 업무 담당자는 정직한 마인드로 신속하고 정확하게 정산 작업을 한 후 기일을 준수하여 업무대행 결과 자료를 고객사(모회사)에 제공해야 합니다.

또한 급여 & 복리후생 업무는 고객사(모회사)에서 수시로 제도가 변경 또는 개선되어 급여 지급 및 복리후생 지원을 위한 자료 반영을 요구할 수 있기 때문에 아웃소싱 실무 담당자가 이를 적극적으로 수용하는 유연한 사고를 보유하지 않을 시 고객사(모회사)와 갈등이 발생할 수 있습니다.

또한 서비스 마인드 부족으로 고객사(모회사) 인사부서 담당자 및 임직원의 요구 사항 등에 친절하게 대응을 하지 못할 경우 서비스 만족도 저하로 아웃소싱 추진 당초 목적을 달성하는데 심각한 차질을 가져올 수 있기 때문이기도 합니다.

07

기업에서 급여 & 복리후생 업무를 내부 분사 아웃소싱 추진 시 경영진 의사결정은 어떻게 받습니까?

글로벌 경쟁 환경에서 대기업 및 중견 & 강소기업에서 연공서열 중심의 연공급 보상 인사제도 운용은 회사 발전 및 구성원의 성장을 위해 부적합합니다.

빠르게 변화하는 글로벌 기업환경에서 기업의 성공을 위해서는 구성원의 성과 높은 목표 달성이 가장 중요한 요소로 작용하고 있기에 최고 수준의 핵심인력 확보 및 유지가 요구되고 구성원들에게 성장의 기회와 환경 제공이 필요합니다.

이와 같이 인사부서가 인사제도 혁신을 통해 기업 성장에 기여하기 위해서는 보상 제도가 연공서열에 의한 연공급제가 아닌 성과와 연동한 성과주의 보상 제도 시행으로 우수 성과자(Hi-Performer)를 인정하고 합당한 보상이 이루어지며, 구성원들에게 보상 확대의 기회가 제공되어야 할 것입니다.

기업이 경쟁력을 구축하여 대내외 경영 환경을 극복하고 지속 성장하기 위해서는 반드시 성과주의 문화로 전환되어야 하고, 인사부문 보상 제도는 성과와 연동한 성과주의 연봉제도가 시행되어야 합니다.

성과주의 연봉제도 시행 시 중요한 것은 구성원의 연봉 보안이 준수되어야 합니다. 만약 구성원의 연봉 보안이 준수되지 않고 노출되면 조직 내 구성원의 갈등으로 회사의 핵심 인적자원을 제대로 활용할 수 없고 핵심인력이 갈등으로 조직을 떠나기 때문입니다.

이와 같이 변화된 기업환경에서 성과주의 보상 제도 시행 시 연봉 보안 준수를 위하여 인사업무 중 급여 & 복리후생 업무를 내부 분사 아웃소싱 추진 시 경영진의 의사결정을 받기 위해서는 아웃소싱을 통한 비용 절감 측면이 중요하지만 기업 내 성과주의 문화 활성화로 시장 경쟁력을 강화하기 위한 차원을 강조함도 좋을 것입니다.

인사부서의 급여 & 복리후생 업무의 아웃소싱 추진 목적을 비용절감에만 두면 아웃소싱 추진 과정에 업무 품질이나 서비스 등이 기업 내부에서 직접 수행할 때보다 저하되어 아웃소싱 목적을 달성할 수 없어 다시 기업 내부로 가져오는 사례가 발생할 수 있기 때문입니다.

그러나 기업의 경쟁력 강화를 목적으로 인사부서의 핵심 역량을 집중화하기 위하여 급여 & 복리후생 업무를 아웃소싱 실시하면 초기에는 비용 자체가 동결되거나 조금 높아질 수 있겠지만 시간이 지나면서 기업 인사부서의 핵심역량이 강화되어 성과 창출을 높이고, 아웃소싱 총비용 또한 절감되며 아웃소싱 효과가 나타날 것입니다.

즉 인사부서 업무 중 급여 & 복리후생 업무의 아웃소싱의 목적을 비용 절감 차원에서 접근이 아니라 기업 인사부서의 업무 생산성 효율을 높여 서비스 품질 상승으로 내부 분사 아웃소싱 법인의 매출과 이익을 극대화할 수 있는 방향에서 사전 충분한 검토 후 실시해야 한다는 것입니다.

결론적으로 급여 & 복리후생 업무를 내부 분사 아웃소싱을 추진 시 경영층의 의사결정을 받기 위한 방법은 인사업무의 선택과 집중을 통한 업무 효율을 증대할 수 있고, 급여 & 복리후생 실무의 전문성 제고를 통하여 그룹 계열사 내 확대 시 상향 평준화된 서비스를 제공할 수 있으며, 연봉제 확대 및 심화에 따른 연봉 보안을 실현할 수 있을 것이라는 관점으로 접근함이 좋을 것입니다.

기업의 인사부서 업무 중 급여 & 복리후생 업무를 아웃소싱 추진 시 대상 업무 선정은 어떻게 합니까?

인사부서 업무 중 아웃소싱 추진 시 기업문화와 사업의 특성(제조업 또는 서비스업) 등을 고려하여 인사부서가 회사 성장에 직접 기여할 수 있도록 아웃소싱 대상 업무를 선정해야 할 것입니다.

즉 회사 성장을 위해 인사업무의 선택과 집중을 어느 부분에 할 것인가를 먼저 확정한 후 정형적이고 행정적인 업무를 대상으로 아웃소싱을 실시함이 좋을 것입니다.

그러나 인사업무 중 급여 & 복리후생 업무를 내부 분사 아웃소싱을 추진 시 반드시 지양해야 할 것은 경쟁회사, 동종업계, 대기업 등에서 아웃소싱을 실시하고 있으니 우리 기업도 따라 한다는 차원으로 실시하면 안 됩니다. 이는 대부분 실패합니다.

사전에 기업문화 및 사업의 특성과 연계하여 직무분석과 미션(가치, 부서 또는 업무의 목적)을 정립하고 기업 내부에서 직접 필수적으로 수행해야 할 직무는 아웃소싱을 추진하면 안 됩니다.

PART 3
기업 인사부서 업무 중 급여 & 복리후생 업무를 내부 분사 아웃소싱 추진 시
성공적인 운영을 위한 필요사항은 무엇입니까?

113

예를 들면 채용 전문 회사에서는 개인정보보호법을 준수하며 채용에 관련된 모든 업무가 중요한 필수 업무이기에 외부에 아웃소싱을 추진 시 실시간 의사결정 지연 등으로 기업 경쟁력이 약화될 수 있습니다.

그러나 일반 기업에서는 채용업무 중 채용 지원서류 접수, 합격 또는 불합격자 통보 등 업무는 아웃소싱을 추진하고 채용 시 서류전형, 면접전형, 최종합격자 선정 등 필수 업무는 기업 내부에서 직접 실시하는 것처럼 급여 & 복리후생 업무 아웃소싱도 기업 특성에 맞게 실시해야 한다는 것입니다.

기업의 인사부서 업무 중
급여 & 복리후생 업무 아웃소싱 실무지침서

급여 & 복리후생 업무대행을 위한 내부 분사 아웃소싱 법인의 형태는 어떻게 운영해야 효율적입니까?
(별도 독립법인, 자회사, 관계회사 등)

기업에서 분사의 의미는 현재 회사의 사업 부문 중 전부 또는 일부를 분할하거나 독립적으로 신규 사업 부문을 분리하여 자회사, 관계회사, 또는 별도 신규회사로 전환하는 것을 뜻합니다.

분사 시 다수의 분리된 기업들이 각 부문의 사업영역을 독립채산제 형태로 운영하는 것이 일반화되어있으며, 대기업은 구조조정 시 비핵심 사업 부문을 정리하는 과정에서 주로 활용하는 경영 기법입니다.

보통 대기업에서 비핵심 사업 부문을 분사화 시 소속 구성원 중에서 책임을 맡겨 독립법인화하는 것으로 모회사 입장에서는 정리해고라는 극약 처방을 하지 않고 사업구조를 슬림화 하며 인력 구조를 줄일 수 있고, 분사된 신규회사 입장에서는 모회사의 사업기반을 배경으로 사업 출범 시 조기 안정화를 도모할 수 있다는 장점이 있습니다.

□ 내부 분사화를 통한 아웃소싱 추진 시 장점 및 단점

	장 점	단 점
주요 내용	- 모회사는 핵심사업 주력과 대내외 경영 환경에 신속한 대처로 경쟁력을 강화할 수 있다. - 분사한 신규 법인의 경영자와 구성원 모두 동일 조직문화에 따른 주인의식이 생긴다. - 구성원의 전문성과 역량을 최대한 활용 및 개발이 가능하다.	- 모회사와 분사 회사가 관리직 중복으로 공통비용이 상승한다. - 신규 법인의 업무가 모기업과 수직화 프로세스로 진행되어 업무 일체감이 결여(저하) 된다. - 품질과 서비스에 하락을 가져올 수 있다.

기업에서 인사부서 업무 중 급여 & 복리후생 업무를 아웃소싱 추진 시 가장 먼저 고려할 사항은 고객사(모기업)의 정보와 구성원의 인사자료와 개인 정보 등의 보안을 준수해야 한다는 것입니다.

그래서 국내 대기업 등은 급여 & 복리후생 업무를 아웃소싱 추진 시 외부 전문 업체를 활용하지 않고, 내부 분사 아웃소싱 법인 형태로 추진하려고 합니다.

인사부서 업무 중 급여 & 복리후생 업무를 내부 분사화 통한 아웃소싱 추진 시 강점과 보완점입니다.

첫째, 강점은 고객사(모기업)와 내부 분사 아웃소싱 법인이 동일 기업문화를 기반으로 소통하기에 의사결정 프로세스가 원활하고, 조직문화가 동일하기에 아웃소싱 출범 초기 조직 안정화로 시행착오 방지를 통한 기회비용 및 총비용을 절감할 수 있다는 것입니다.

둘째, 보완점은 내부 분사 아웃소싱 법인이 고객사(모기업)의 종속 법인으로 존재하기에 내부 분사 아웃소싱 법인의 경영에 대하여 고객사(모기업)의 통제를 받을 수 있고, 통제를 하려고 시도한다는 것입니다.

기업에서 인사부서의 급여 & 복리후생 업무를 아웃소싱할 경우 아웃소싱 법인의 회사 형태별(자회사, 내부 분사 아웃소싱 법인, 외부 아웃소싱 전문 업체) 강점과 보완점입니다.

□ 급여 & 복리후생 업무 아웃소싱 시 회사 형태별 장단점

	자회사	내부 분사 아웃소싱 법인	외부 아웃소싱 전문 업체
강점	- 업의 특성을 반영한 제도 운용 용이 - 구성원 고용불안 해소	- 비용 효율화(절감) 가능 - 고정비를 변동비화 가능 - 조기 안정적 업무 운영 - 모회사 인력의 전환으로 대행 업무 조기 안정화 - 경영층의 모회사와 소통 원활로 경영 안정화 - 내부 인력 핵심 직무로 전환 가능	- 비용 효율화(절감) 가능 - 고정비를 변동비화 가능 - 전문 업체 고품질 서비스 이용 가능
약점	- 모회사의 관리/통제로 독립적 경영 어려움 - 모회사에 의존 강함 - 신분 변화에 따른 불안감 지속 발생	- 구성원 충성도 저하로 보안 유지 및 강화 비용 증가 - 위탁업무 품질과 서비스 저하 우려	- 기업 구성원 개인 정보 보안 유지 어려움 - 기업 내 기밀, 업무 노하우 외부 유출 리스크 큼 - 실무자 잦은 퇴직으로 품질과 서비스 저하

기업에서 급여 & 복리후생 업무 대행을 위한 내부 분사 아웃소싱 법인 설립 시 아웃소싱 법인의 대표이사 및 경영진 선정 대상자와 전환 협의는 누가 주관하여 실시합니까?

내부 분사 아웃소싱 회사의 대표를 선임 시 대상자가 모회사를 퇴직 후 아웃소싱 법인 대표로 전환하면서 처우가 변경됩니다.

내부 분사 아웃소싱 신규 법인의 대표이사가 자본금을 투자하기에 모회사 퇴직 후 아웃소싱 법인으로 신분 전환 협의 시 대상자와 협의 주관은 내부 분사 아웃소싱 법인의 회사 형태에 따라 추진함이 좋을 것입니다.

첫째, 내부 분사 아웃소싱 법인이 모회사의 자회사 형태로 운영할 경우입니다.

자회사 형태로 아웃소싱을 추진할 경우에는 대표이사가 기업의 정규 구성원이기에 그룹의 정규 인사발령에 의해 통보되고, 이미 정해진 인사 보상 제도 기준 처우 등을 적용하면 될 것입니다.

둘째, 내부 분사 법인이 별도 아웃소싱 회사를 설립하여 운영할 경우입니다.

내부 분사 아웃소싱 신규 법인 출범 시 아웃소싱 업무대행을 조기 안정화하고 고객사(모회사) 인사부서와 구성원에게 높은 품질의 업무대행 서비스를 제공함이 가장 중요합니다.

이를 위하여 고객사(모회사) 인사부서와 내부 분사 아웃소싱 법인의 대표이사 상호 간 아웃소싱 신규 법인의 조직 안정화 등에 대해 수시 협의와 협상 등을 원활하게 진행하며 의사결정할 수 있도록 고객사(모회사) 인사부서 간부 중에 대표이사를 선임하는 것이 좋을 것입니다.

셋째, 외부에서 급여 업무를 대행하는 아웃소싱 전문 회사를 운영할 경우입니다.

인사부서 급여 & 복리후생 업무를 아웃소싱을 추진하고 고객사(모회사) 급여 담당자를 타 직무로 전환할 경우에는 업무대행 범위 및 수수료 협상 후 계약서 날인까지는 인사부서 부장급 이상이 총괄하여 완료하고 이후 매월 실무추진은 인사부서 내 실무담당 대리 직급 또는 과장 1-2년 차가 주관하여 매월 실무 차원에서 아웃소싱 회사 담당자와 업무 협조 및 프로세스를 강화하도록 함이 좋을 것입니다.

단, 외부 아웃소싱 전문 업체에 업무대행 시 계약서 내용 기준 예외 적용 또는 신규 업무대행 추가 등으로 계약서에 내용을 추가할 경우에는 법적 리스크 등을 사전에 검토하여 향후 문제 발생 시 대비하여야 할 것입니다.

이를 위하여 고객사(모회사) 인사부서 내 의사결정 프로세스를 반드시 인사부서 최고 의사결정권자에게 보고 또는 결재를 득한 후 업무대행을 추진하여 아웃소싱 업무의 효율을 높일 수 있도록 함이 좋을 것입니다.

11

급여 & 복리후생 업무 아웃소싱을 위한 내부 분사 아웃소싱 신규 법인의 대표이사 등 경영진 선정 시 유의사항은 무엇이 있습니까?

국내 대기업의 내부 분사 아웃소싱 법인들의 급여 & 복리후생 업무대행 사례를 기준으로 기술하였습니다.

내부 분사 아웃소싱 법인의 경우 모회사(고객사)와 상생을 위하여 아웃소싱 회사의 대표이사를 선임 전에 대표이사 선임 시 처우 기준, 회사 설립 자본금 출자금액 규모, 대표이사 퇴임 시기 등에 대하여 사전 검토가 필요합니다.

고객사(모회사)와 아웃소싱 법인 대표이사 선임 대상자 쌍방이 대표이사 처우, 자본금 규모, 대표이사 퇴임 시기 등에 대해 사전 협의와 합의를 완료하고 별도 쌍방이 개별 합의서를 작성 후 날인하여 보관하고 있어야 향후 쌍방의 이해관계로 인한 갈등과 분쟁 등을 방지할 수 있기 때문입니다.

내부 분사 아웃소싱 신규 법인의 경영 관련 사항입니다.

내부 분사 아웃소싱 법인의 자본금은 선임된 대표이사 등 경영진이 출자하기에 공정거래법을 거론하지 않더라도 고객사(모회사)에서 아웃소싱 신규 법인의 경영을 간섭할 수 없는데 사업은 이해관계자가 있기에 매년 결산 결과 아웃소싱 회사에서 이익이 발생하면 이익잉여금의 내부 유보 또는 투자 또는 재계약 시 재원 활용 반영 등 이익잉여금 관련 상호 갈등의 소지가 있을 수 있기 때문입니다.

내부 분사 아웃소싱 추진 후 아웃소싱 목적 달성 미흡으로 인소싱(내재화)할 경우입니다.

내부 분사 아웃소싱 법인이 출범 목적을 분명하게 달성해야 하는데 아웃소싱 업무가 당초 목적을 상실하였을 경우 인소싱(모회사에서 아웃소싱 추진 전으로 돌아가 직접 업무를 수행)으로 전환을 검토해야 하는데, 아웃소싱 법인의 대표이사가 아웃소싱 업무에 대해 모회사(고객사)로 인소싱 등 추진에 반대할 경우 등 갈등을 원만하게 해결할 대안을 준비하고 있어야 합니다.

상기와 같은 모회사(고객사)와 내부 분사 아웃소싱 법인 상호 간 갈등 및 법적 분쟁을 예방하고 방지하기 위한 방법입니다.

첫째, 내부 분사 아웃소싱 법인 출범 시 인사 처우 적용 방침입니다.

내부 분사 아웃소싱 법인 출범 시에 한하여 모회사(고객사)에서 내부 분사 아웃소싱 회사로 전환하는 대표이사를 포함 모든 구성원에 대하여 연봉 처우 등을 결정하여 아웃소싱 수수료를 적용하고 이후 2년 차 익년부터는 아웃소싱 법인의 대표이사가 아웃소싱 법인의 경영현황을 반영 대표이사를 포함 전 구성원의 처우 등을 결정하면 될 것입니다.

모회사(고객사)는 아웃소싱 신규 법인 출범 후 아웃소싱 회사 경영에 간섭할 수 없기에 (만약 간섭할 경우 공정거래법 위반) 아웃소싱 법인에 요구(요청)는 계약서를 준수하여 업무대행 서비스 품질 등에 만전을 기하도록 함이 필요합니다.

만약, 모회사(고객사)에서 내부 분사 아웃소싱 법인의 경영현황에 대해 정보가 필요할 경우 사전에 계약서에 내용을 반영하고 매년 재계약 시점에서 관련 정보를 요구하여 업무대행 수수료 재계약 시 단가 인상 또는 인하 자료로 쌍방이 협의 후 합의를 반영하여 계약서 내용 변경과 총수수료 금액을 결정하는 것이 좋을 것입니다.

둘째, 회사 설립 자본금 규모를 결정하는 것입니다.

내부 분사 아웃소싱 법인 출범 시 자본금 출자금액은 안정적인 사업을 위하여 사회적으로 통용되는 수준인 5천만 원에서 1억 원 수준이 적정할 것이라 판단됩니다.

모회사(고객사)는 아웃소싱 법인의 경영에 대하여 경영부실화에 따른 자본잠식 등으로 급여 & 복리후생 업무대행에 차질이 발생하

PART 3
기업 인사부서 업무 중 급여 & 복리후생 업무를 내부 분사 아웃소싱 추진 시
성공적인 운영을 위한 필요사항은 무엇입니까?

123

지 않도록 매년 재계약 시점에서 아웃소싱 법인의 결산 현황을 확인하는 것이 필요할 것입니다. 단, 경영 간섭이라는 오해를 주지 않도록 유의함이 좋을 것입니다.

셋째, 아웃소싱 신규 법인의 대표이사 퇴임 시기를 결정해야 합니다.

내부 분사 아웃소싱 법인의 대표이사 퇴임 시기를 아웃소싱 신규 법인 출범 시 대표이사 선임 대상자와 상호 협의를 통해 문서화하지 않을 경우 아웃소싱 사업이 성장 시 상호 간 갈등의 소지가 발생할 수 있습니다.

왜냐하면 내부 분사 아웃소싱 법인의 대표이사는 자본금을 출자했고 사업이 안정화되면 대표이사 자리에서 물러나지 않으려고 할 것이고, 모회사(고객사)는 아웃소싱 법인이 모회사(고객사)의 급여 & 복리후생 업무대행을 목적으로 출범하였기에 일정 시기에 아웃소싱 법인의 대표이사를 모회사의 인력 중 선임으로 모회사(고객사)의 인력 운용의 효율을 높이려고 할 것이기 때문입니다.

그렇기에 아웃소싱 신규 법인 출범 전에 대표이사 선임 대상자와 퇴임 시기를 법적 정년퇴임 일자 적용 등으로 쌍방이 협의하여 결정하고 이를 문서화하여 보관하고 있음이 향후 갈등의 소지를 방지할 수 있을 것입니다.

다만, 모회사(고객사)에서 아웃소싱하고 있는 급여 & 복리후생 업무의 서비스 품질에 큰 문제가 발생하여 모회사(고객사) 인사부서 내부로 인소싱(모회사에서 직접 수행)을 전환할 경우 공정거래법상 문제가 되지 않도록 아웃소싱 회사 출범 시 최초 계약서 내용에 인소싱에 대한 내용을 반영해 놓는 것이 필요할 것입니다.

 내부 분사 아웃소싱 법인과 재계약을 반복하는 과정에 모회사(고객사)에서 일방적으로 유리하게 계약서 내용을 변경할 경우 공정거래법상 문제와 사회적 이슈가 될 수 있음에 모회사(고객사)는 재계약 시 계약서 내용 변경에 특히 유의해야 할 것입니다.

12

급여 & 복리후생 업무 아웃소싱을 위한
내부 분사 아웃소싱 신규 법인 출범 시 준비
기간은 어느 정도 두고 무엇을 준비해야 합니까?

내부 분사 아웃소싱 법인 출범을 위해서는 최소 6-7개월 정도 준비 기간이 필요하며, 준비는 내부 분사 아웃소싱 법인 설립 전과 법인 설립 후로 분리하여 준비해야 합니다.

아웃소싱 법인 설립 전에는 기업의 인사부서가 주관하여 내부 분사 아웃소싱을 위한 경영층의 의사결정을 받고 이후 T/F 팀을 구성하여 아웃소싱 법인 출범까지 업무를 추진하는 것입니다.

아웃소싱 법인 설립 이후에는 아웃소싱 법인 대표이사 주관으로 업무를 추진하며 기업의 인사부서는 계약의 파트너로 협의 및 의사결정 지원을 추진합니다.

내부 분사 아웃소싱 법인 출범 전에 기업의 인사부서 주관으로 아웃소싱 법인 설립과 업무 이관 등 관련 계획 일정을 수립하고 이를 효과적으로 추진하기 위한 세부 추진방법과 주관부서 결정이 필요합니다.

내부 분사 아웃소싱 법인의 업무 주관이 결정되면 이후에는 각 준비와 진행 일정별 실천 계획을 구체적으로 수립 후 진행함이 시행착오를 줄여 아웃소싱 법인의 성공적인 출범을 할 수 있을 것입니다.

□ 급여 & 복리후생 업무대행을 위한 내부 분사 아웃소싱 신규 법인 출범 준비 내용

구 분	세부 진행사항	일정 소요 기간	주관부서
법인 설립前	a. 아웃소싱 추진 계획안 확정 - 경영층 의사결정 기획안 품의 및 결재	1개월	아웃소싱 추진 T/F 팀
	b. 아웃소싱 추진 T/F 팀 구성	2-3개월	
	c. 아웃소싱 신규 법인 설립 검토		
	d. 아웃소싱 신규 법인 임원 결정		
	e. 법인 인프라 구축: 인원, 시설/장비, 환경 등		
	f. 업무 이관 준비: 전산 시스템 및 데이터		
	g. 법인 설립 확정		
	h. 인사 전산 시스템 시험가동	1개월	
법인 설립後	i. 아웃소싱 업무 진행 절차 협의	2개월	인사팀 내 추진 T/F 팀
	j. 인사 전산 시스템 내로 구성원 인사 데이터 이관		
	k. 아웃소싱 업무대행 계약 체결		
	l. 아웃소싱 업무 이관 추진 및 완료		
총 소요 기간		**6-7개월**	

PART 3
기업 인사부서 업무 중 급여 & 복리후생 업무를 내부 분사 아웃소싱 추진 시
성공적인 운영을 위한 필요사항은 무엇입니까?

127

13

급여 & 복리후생 업무 아웃소싱을 위한 내부 분사
아웃소싱 신규 법인 출범 시 추진 T/F 팀은 어떻게 구성합니까?

내부 분사 급여 & 복리후생 업무 아웃소싱 신규 법인 출범을 위한 추진 T/F 팀 구성 원칙은 아웃소싱 회사로 전환할 대상자를 T/F 팀 멤버로 구성하며, T/F 멤버는 T/F 팀 활동 종료 시 아웃소싱 회사로 전환함을 원칙으로 합니다.

T/F 팀 멤버가 아웃소싱 신규 법인으로 전환함은 업무의 연속성을 유지하며 아웃소싱 효과를 높이기 위함입니다.

단, 내부 분사 아웃소싱 법인의 성공적인 출범을 위하여 T/F 팀 구성원은 아웃소싱 회사 대표이사를 최우선 선정하고, 선정된 대표이사와 협의하여 T/F 팀 멤버를 구성하도록 함이 좋을 것입니다.

T/F 팀 구성원은 현재 모회사 인사부서 업무 중 급여 & 복리후생 담당 실무자 중에서 현재까지 실무 경험 및 향후 경력개발 계획을 고려하여 대상자를 선정함이 좋습니다.

T/F 팀 구성원은 상근 및 비상근 체계 운영으로 현재 업무추진에 차질 없도록 하며, 아웃소싱 신규 법인 대표이사로 선정된 대상자와 모회사 인사부서 T/F 팀 리더가 협의하여 결정함이 좋으며 구체적인 운영방안은 아래 표를 참조 바랍니다.

□ 급여 & 복리후생 아웃소싱 법인 출범을 위한 T/F 팀 멤버 구성(안)

	역할	대상자
T/F 리더	아웃소싱 전반 추진 업무 총괄	- 급여 및 복리후생 실무 10년 이상 경험자 - 사업 특성(제조업, 서비스업)에 맞게 생산사
	아웃소싱 회사 법인설립 준비 및 법인설립 시 대표로 선임	업장 지원 부서 부장 또는 영업부서 부장 3-5년 경험자
T/F 멤버	아웃소싱 대상 업무 전반 실무 추진	- 급여 및 복리후생 실무 10년 이상 경험자
	급여 부문 아웃소싱 검토	- 급여 업무 실무 5년 이상 자 (전산 시스템 내 근태 로드 경험 포함)
	세무(소득세, 원천세) 아웃소싱 검토	- 세무업무 실무 5년 이상 자 (매월 소득세, 원천세 신고 등 경험)
	복리후생 부문 아웃소싱 검토	- 복리후생 실무 5년 이상 자 (사회보험 관리 등)
	인사부문 전산 시스템 이관 검토	- 인사부문 전산 시스템 운영 실무 5년 이상자

- T/F 참여 비상근 인력도 T/F 종료 후 아웃소싱 회사로 인사발령 조치
  (단, 인사부문 전산 시스템 이관 실무자는 원 소속으로 복귀)
- 아웃소싱 회사 출범 후 추가적인 인력 소요는 급여 및 복리후생 업무 이관에 따라 모회사에서 급여 & 복리후생 실무수행 인력 중 본인의 희망을 고려하여 선별 전환함.

14

급여 & 복리후생 업무 아웃소싱을 위한 내부 분사 아웃소싱 신규 법인 설립 시 필요사항과 절차는 어떻게 됩니까?

급여 & 복리후생 업무 내부 분사 아웃소싱 신규 법인 출범 시 최소 자본금 규정이 폐지되고 주식회사의 경우 최소 1주 이상 주식이 발행되면 법인 설립이 가능합니다.

신규 법인 설립 시 1 주당 액면가액은 100 원 이상이라는 규정만 있기에 법률상으로는 100 원 이상의 자본금만 있으면 신규 법인을 출범할 수 있습니다.

내부 분사 아웃소싱 신규 법인 설립 시 사업 운영을 위한 필수사항과 진행 절차는 아래와 같습니다.

첫째, 본점 사업장 소재지를 결정해야 합니다.

법인을 설립하려면 본점 또는 사업장 소재지가 결정되어야 합니다. 별도 사업장을 두지 않고 본점만 둘 경우에는 본점 소재지만 두면 됩니다.

기업의 인사부서 업무 중
급여 & 복리후생 업무 아웃소싱 실무지침서

통상적으로 신규 법인의 사업을 운영할 수 있는 별도의 사업공간
이 확보되어야 하지만 사무실이 별도로 필요하지 않는 온라인 사업
등 일부 업종의 경우 자택으로 본점 소재지를 둘 수 있습니다.

단, 사업자등록증 신청 시 법인 명의 임대차 계약서는 필수 구비
서류입니다.

둘째, 신규 법인의 상호를 결정합니다.

신규 법인 설립 시 상호는 동일한 상호를 동일 관내에서는 사용이
불가하기 때문에 미리 설립 예정지 관할 등기소 또는 대법원 인터넷
에서 상호를 검색해 보는 것이 좋습니다.

셋째, 사업의 목적을 결정합니다.

법인 등기부등본에 기재된 사업의 목적 범위 내에서 사업을 영위
할 수 있기 때문에 정관 및 등기사항에 대해 구체적으로 기재하되,
향후 추진할 사업 범위도 고려하여 사업 목적을 기재하면 추후 변경
등기 비용이나 시간 소요를 줄일 수 있습니다.

넷째. 신규 법인의 대표이사 등 임원진을 결정합니다.

자본금이 10 억 원 미만인 신규회사는 임원으로 이사 1 명을 두고
법인을 설립할 수 있습니다.

단, 신규 법인의 설립 경과보고를 위해 주식을 소유하지 않은 이사 또는 감사 1 인이 필요합니다.

다섯째, 신규 법인의 자본금 규모를 결정합니다.

자본금은 신규 법인의 규모를 고려하여 결정하되 과거에는 최저 자본금(5천만 원)이 있어야 신규 법인을 설립할 수 있었지만 2009년 최저 자본금 제도가 폐지되었습니다. 이에 따라 실제 필요한 자본금 규모를 사업의 규모, 특성, 향후 사업 방향을 고려하여 자유롭게 정하시면 됩니다.

단, 자본금 10 억 미만의 발기설립의 경우 대표 발기인의 통장 잔고 증명으로 주금 납입을 대체할 수 있습니다.

여섯째, 신규 법인 설립등기 시 필요한 서류입니다.

신규 법인 설립 시 법인설립등기 신청서, 임원 전원의 인감증명서, 임원 전원의 인감도장, 임원 전원의 주민등록초본, 대표 발기인 명의 자본금 이상의 잔고 증명서 등으로 신규 설립하고자 하는 법인의 사업 특성이나 사업 내용에 따라 필요한 서류가 달라질 수 있음에 사전에 충분한 조사와 추진이 필요합니다.

급여 & 복리후생 업무 아웃소싱을 위한 내부 분사 아웃소싱 신규 법인 출범 확정 시 아웃소싱 회사 상호는 어떻게 선정합니까?

내부 분사 아웃소싱 신규 법인 대표이사가 법인설립 등기 시 상호를 선정하고 법규를 준수하여 등록하도록 하되 모회사(고객사)의 그룹 계열사 또는 자회사 이미지를 제공하지 않도록 유의하여 다음과 같은 오해가 없도록 해야 할 것입니다.

첫째, 내부 분사 아웃소싱 신규 법인은 모회사(고객사)의 그룹 계열사 또는 자회사가 아닌데 법인 상호가 그룹 계열사와 유사한 이미지를 제공할 경우 사업 운영 시 클레임 발생하면 모회사(고객사)의 브랜드 이미지에 부담을 줄 수 있습니다.

둘째, 내부 분사 아웃소싱 회사에서 모회사(고객사) 그룹 계열사가 아닌 외부 회사의 급여 & 복리후생 업무대행 제안서 제출 시 모회사(고객사)의 그룹 계열사 또는 자회사로 오해하여 의사결정에 불편을 줄 수 있습니다.

PART 3
기업 인사부서 업무 중 급여 & 복리후생 업무를 내부 분사 아웃소싱 추진 시
성공적인 운영을 위한 필요사항은 무엇입니까?

133

셋째, 아웃소싱 업무대행 서비스 제공 시 업무 오류나 착오 등으로 클레임 발생할 경우 외부 회사에게 모회사(고객사) 그룹 계열사 또는 자회사로 오해하여 모회사(고객사)의 브랜드 이미지에 부담을 줄 수 있습니다.

넷째, 내부 분사 아웃소싱 법인의 인력 채용 시 모회사(고객사)의 그룹 계열사 또는 자회사가 아니라는 별도 안내 서비스 제공에 따른 추가 비용이 발생할 수 있습니다.

그리고 채용 지원자가 모회사(고객사)의 그룹 계열사 또는 자회사로 착각하여 입사 후 조기 퇴직 등이 발생하여 회사의 인력 및 조직관리 등에 부담과 비용이 발생할 수 있기 때문이기도 합니다.

급여 & 복리후생 업무 아웃소싱을 위한 내부 분사 아웃소싱 신규 법인 설립 확정 후 추진 업무는 무엇이 있습니까?

내부 분사 아웃소싱 법인 설립이 확정되어 상호를 등록한 후 법인의 사업자등록증을 발급받기 위하여 국세청에 발급 신청을 하여야 합니다.

법인 사업자등록 신청 시 필요서류는 법인등기부등본, 주주 혹은 출자자 명세서, 임대차 계약서 사본(사업장 임차 시), 인허가증 사본(인허가 업종을 영위하는 경우), 법인 도장(사용 인감 가능), 방문인 신분증(위임 시 법인 대표자 신분증 사본 혹은 법인인감증명)입니다.

사업자등록증 발급을 위한 서류를 준비하여 가까운 세무서 민원실에 방문하거나 또는 국세청 홈택스 홈페이지에서 사업자등록증 발급 신청이 가능하며, 사업자등록증 신청 시 처리 기간은 3 일입니다.

아웃소싱 신규 법인이 설립되고 사업자등록증이 발급되면 조세의 신고 및 납부 등 법령에 따라 수행해야 할 의무가 발생합니다. 의무는 직원과 관련된 의무와 영업과 관련된 의무 등 2 가지입니다.

첫째, 직원과 관련된 소득세법, 노동법, 사회보험법에 대한 사업주의 의무입니다.

회사가 직원을 고용하게 되면(법인의 경우 법인 대표자도 직원임), 소득세법에 따라 지급하는 급여에 대하여 소득세를 원천징수하여 국가에 신고 및 납부하여야 하고, 노동법과 사회보험법에 따라 건강보험, 국민연금, 고용보험, 산재보험 등 4대 사회보험에 의무 가입해야 합니다.

소득세 및 사회보험료는 정산 기간이 1년 단위이고, 근로자가 퇴직 시 반드시 소득세와 사회보험료를 정산 및 신고를 해야 할 의무가 있습니다.

- 사업주의 소득세법 및 노동법과 사회보험법 준수 의무

가) 매월 급여 지급 시 소득세를 원천징수하여 익월 10일 이내 관할 세무서에 신고, 납부해야 합니다.
나) 구성원이 입사 및 퇴사 시 4대 사회보험에 가입과 취득 및 탈퇴와 상실 신고를 해야 합니다.
다) 매년 4대 사회보험료에 대하여 정산 후 신고 및 납부를 실시합니다.
라) 매년(1월 1일부터 12월 31일) 구성원의 소득에 대하여 연말정산을 실시한 후 신고, 납부해야 합니다.

둘째, 영업과 관련된 사업주의 의무입니다.

회사는 영업 과정에서 발생하는 부가가치세를 징수하여 국가에 신고 및 납부해야 합니다. 부가가치세 신고 및 납부는 세금계산서와 회계장부에 근거하여 실시하는데, 이를 위반할 시 가산세 납부와 영업상 불이익을 받게 됩니다.

- 사업주의 부가가치세법 준수 의무

가) 매출이 발생하는 경우 세금계산서(전자 세금계산서)를 교부합니다.
나) 거래에 대한 세금계산서 등의 증빙을 기준으로 회계장부를 작성합니다.
다) 복식 부기 기준에 의거 재무제표를 작성합니다.
라) 매 분기별 부가가치세를 정산 후 신고 및 납부합니다.
마) 매년 회계기간을 기준하여 법인세 정산 후 신고 및 납부합니다.

급여 & 복리후생 업무 아웃소싱을 위한 내부 분사
아웃소싱 신규 법인 설립 시 법적 신고사항은 무엇입니까?

신규 법인 설립 절차는 법인 설립 의사결정 → 자본 및 조직구성 → 잔고증명, 주식납입증명 발급 → 법인 등록 면허세 납부 → 법인 설립 등기 → 사업자등록증 신청 → 4대 사회보험 신고 → 취업규칙 신고 순으로 진행됩니다.

내부 분사 아웃소싱 신규 법인 설립 후 4대 사회보험 신고와 취업규칙 신고는 아래와 같이 추진합니다.

첫째, 4대 사회보험 가입 신고와 자격 취득 및 자격 상실 요건입니다.

4대 사회보험이란 국민연금, 건강보험, 고용보험, 산업재해보상보험을 말하며, 근로자를 사용하는 모든 사업장은 반드시 가입해야 하는 보험을 말합니다.

국민연금법 제8조, 국민건강보험법 제6조 제2항, 고용보험법 제8조, 산업재해보상보험법 제8조에 근거합니다.

4대 사회보험 성립(가입) 신고는 공단을 직접 방문하여 신고하거나, 우편 제출, 팩스 제출, 인터넷 제출 등 공단을 직접 방문하지 않고 성립 신고서를 제출할 수 있는데 인터넷으로 성립 신고 및 취득과 상실 관리 등을 할 수 있습니다.

4대 사회보험 성립신고를 하기 위해서는 사업장 성립(가입) 신고서를 작성 후 팩스로 서면 신고 후 사업장 관리번호 생성이 되고 난 후 EDI 및 웹 사이트 가입 후 인터넷 이용이 가능하며, 4대 사회보험 성립 서면 신고는 공단 양식 1장으로 가능합니다.

□ 4대 사회보험 가입 및 매월 운용 관리

(2019년 기준)

			국민연금	건강보험	고용보험	산재보험
관련 기관			국민연금공단	국민건강 보험공단	노동부 징수: 근로복지공단 급여: 고용안정센터	노동부징수, 급여: 근로 복지 공단
가입 기준			1인 이상 근로자를 고용하는 사업장은 모두 가입 대상			
자격	정규직	연령	18세 이상-60세 미만	연령제한 없음	모든 근로자 - 단, 취득 시 65세 이상 자는 실업급여 납부/수혜 제외	모든 근로자 (연령 제한 없음)
		고용	상시 근로자 전원	근로소득 수령 임직원	상근 근로자 전원	국내 상근 근로자 단, 해외 파견자는 상실되며 별도 산재 설립/관리 대상자
		제외	비상근 임원 기초수급자 타 공적연금 가입자	의료보호 대상자 등	비상근 임원(사외이사, 고문) 근로자성 부인 대상자: 대표이사, 명예회장 등	
	비정규직		1개월간 근로일수가 8일 이상이거나 근로시간 60hr 이상	근로 기간 1개월 이상이고, 근로시간 60hr 이상	실근무시간 무관 가입 단, 단시간근로자는 근로내역확인서를 신고	상시근로자 1인 이상 사업장 근로자 모두
	신고 시기		사유 해당일 기준 14일 이내	사유 해당일 기준 14일 이내	보험 관계가 성립된 날로부터 14일 이내	
	상실 시기		사유 발생일자 익일			
보험료	대상 소득		근로소득원증 총급여+ 야간근로 비과세 = (기준금액/365)x30일	근로소득원증 총급여 + 국외근로 및 외국인 비과세=금액/12x율	근로소득원천징수영수증 총급여 X 보험료율	
	보험료		9.0% 회사, 근로자 각 4.5%	7.00% (노인장기요양 보험료 포함) 회사, 근로자 각 3.50%	2.15% - 회사 1.5%, 근로자 0.65% - 규모별 회사 요율 상이	사업장별 부담 (전액 회사 부담)
	상한 금액		개인 218,700원/월	개인 3,453,610원/월	상한 없이 해당 금액 납부	
	납부 시기		매월 1일 가입자 해당 10일(1일 아닌 경우 익월 납부) - 보수 변경: 매년 7월	매월 1일 가입자 해당 10일(1일 아닌 경우 익월 납부) - 보수 변경: 매년 4월	매월 10일 일괄 납부	
외국인 가입관리			동등하게 당연 적용 (타 국가와 상호주의 적용)	불법체류자 제외하고 모두 가입	원칙 적용대상 아님 당연/임의/불가로 가입 관리함	불법체류자 포함 모두 (제외: 산업 연수생)

□ 4대 사회보험 성립(가입) 신청서 – 작성 후 공단에 팩스로 접수합니다.

■ 국민연금법 시행규칙 [별지 제3호서식]

국민연금 [ ]당연적용사업장 해당신고서
건강보험 [ ]사업장(기관) 적용신고서
고용보험 ([ ]보험관계성립신고서 [ ]보험가입신청서)
산재보험 ([ ]보험관계성립신고서 [ ]보험가입신청서)

※ 유의사항 및 작성방법은 제1쪽 뒷면을 참고하여 주시기 바라며, 색상
이 어두운 난은 신고인(신청인)이 적지 않습니다.   (제1쪽 앞면)

접수번호	접수일	처리기간 국민연금·건강보험 3일, 고용·산재보험 5일		

<table>
<tr><td rowspan="13">공통</td><td rowspan="8">사업장</td><td colspan="2">사업장관리번호</td><td>명칭</td><td>사업장 형태</td><td>[ ]법인 [ ]개인</td></tr>
<tr><td>소재지</td><td colspan="2">우편번호( )</td><td colspan="2"></td></tr>
<tr><td>우편물 수령지</td><td colspan="2">우편번호( )</td><td colspan="2">전자우편주소</td></tr>
<tr><td>전화번호 (휴대전화)</td><td colspan="2"></td><td colspan="2">팩스번호</td></tr>
<tr><td>업태</td><td>종목</td><td>(주 생산품)</td><td colspan="2">업종코드</td></tr>
<tr><td>사업자등록번호</td><td colspan="2">법인등록번호</td><td colspan="2"></td></tr>
<tr><td>주거래 은행 (은행명)</td><td colspan="2">(예금주명)</td><td colspan="2">(계좌번호)</td></tr>
<tr><td rowspan="2">사용자
(대표자)</td><td>성명</td><td colspan="2">주민(외국인)등록번호</td><td colspan="2">전화번호</td></tr>
<tr><td>주소</td><td colspan="4"></td></tr>
<tr><td rowspan="2">보험료 자동
이체신청</td><td>은행명</td><td colspan="4">계좌번호</td></tr>
<tr><td>예금주명</td><td colspan="4">예금주 주민등록번호(사업자 등록번호)</td></tr>
<tr><td rowspan="3">전자고지
신청</td><td>고지
방법</td><td colspan="3">[ ]전자우편 [ ]휴대전화
[ ]전자문서교환시스템 [ ]인터넷 홈페이지
(사회보험통합징수포털)</td><td rowspan="3">4대 사회보험
합산고지

[ ] 신청
[ ] 미신청</td></tr>
<tr><td>수신처
(전자우편주소, 휴대전화번
호 또는 인터넷 홈페이지
에 가입한 아이디)</td><td colspan="3"></td></tr>
<tr><td>수신자 성명</td><td colspan="3">수신자 주민등록번호</td></tr>
</table>

국민연금/ 건강보험	건설현장 사업장 [ ]해당 [ ]비해당	건설현장 사업기간 ~
연금(고용)보험료 지원 신청	「국민연금법」 제100조의3 또는 「고용보험 및 산업재해보상보험의 보험 료징수 등에 관한 법률」 제21조에 따라 아래와 같이 연금(고용)보험료 지원을 신청합니다[근로자 수가 10명 미만인 사업(장)만 해당합니다]. 국민연금 [ ] 고용보험 [ ]	

국민연금	근로자 수		가입대상자 수		적용 연월일 (YYYY.MM.DD)		
	분리적용 [ ]해당 사업장 [ ]비해당		본점사업장관리번호				

건강보험	적용대상자 수		본점사업장관리번호	적용 연월일			
	사업장 특성부호		회계종목(공무원 및 교직 원기관만 작성)		1	2	3

고용보험	상시근로자 수		피보험자 수		성립일	
	보험사무대행기관 (명칭)			(번호)		
	주된 사업장	명 칭			사업자등록번호	
		우선지원 대상기업 [ ]해당 [ ]비해당			관리번호	

산재보험	상시근로자 수		성립일		사업종류코드	
	사업의 형태 [ ] 계속 [ ] 기간이 정하여져 있는 사업(사업기간: -)					
	성립신고(가입신청)일 현 재 산업재해발생여부		[ ]있음 [ ]없음			
	주된 사업장 여부 [ ]해당 [ ]비해당			주된 사업장 관리번호		
	원사업주 사업장관리번호 또는 사업개시번호 (사내하도급 수급사업주인 경우만 기재)					

행정정보 공동이용 동의서

본인은 이 건 업무처리와 관련하여 담당 직원이 「전자정부법」 제36조제2항에 따른 행정
정보의 공동이용을 통하여 담당 직원 확인사항의 행정정보를 확인하는 것에 동의합니다.
*동의하지 않는 경우에는 신고인(신청인)이 직접 관련 서류를 제출하여야 합니다.

신고인(신청인)   (서명 또는 인)

위와 같이 신고(신청)합니다.

년 월 일

신고인·신청인(사용자·대표자)   (서명 또는 인)

[ ]보험사무대행기관(고용·산재보험만 해당)   (서명 또는 인)

국민연금공단 이사장/국민건강보험공단 이사장/근로복지공단 지역본부장(지사장) 귀하

210mm×297mm[백상지(80g/㎡) 또는 중질지(80g/㎡)]

기업의 인사부서 업무 중
급여 & 복리후생 업무 아웃소싱 실무지침서

- 4대 사회보험 성립(신규 법인) 인터넷 신고 홈페이지:
http://www.4insure.or.kr/ins4/ptl/Main.do

둘째, 노동부 신고사항은 취업규칙 신고가 있습니다.

취업규칙이란 사용자가 사업장에서 적용될 일반적인 사항을 규정한 것으로, 사업장에 근무하는 근로자들에게 공통적으로 적용되는 사내 규정으로 사용자가 사업 또는 사업장의 질서유지 및 효율적 업무 수행을 위하여 필요한 복무규율과 근로자 전체에 적용할 근로조건을 구체적으로 작성한 문서를 말합니다.

취업규칙은 법적으로 상시 10인 이상의 근로자를 사용하는 사용자는 취업규칙 필수 기재 사항을 반영한 취업규칙을 작성하여 종업원의 동의를 받아 노동부 장관에게 신고하여야 합니다.

또한 취업규칙을 변경하는 경우에 있어서도 종업원의 동의를 받아 노동부 장관에게 신고해야 합니다.

취업규칙을 신고해야 하는 기간은 법령으로 별도로 정하지는 않았으나 상시근로자 수가 10인 이상 때부터 취업규칙을 작성하여야 하며, 근로자들의 의견을 듣는데 최소한의 시간이 지나면 신속하게 지방 노동부 관서에 신고해야 합니다.

만약 상시 10인 이상 근로자를 사용하는 사용자가 취업규칙을 작성, 신고하지 않을 경우에는 500만원 이하의 과태료가 부과되며, 취업규칙 신고는 직접 방문, 우편 제출, 인터넷 제출 등으로 가능합니다.

- 취업규칙 인터넷 신고 홈페이지:
  http://minwon.moel.go.kr/minwon2008/index_new.do
- 고용노동부 민원마당에서(상기 홈페이지 주소 참고) 취업규칙 신고를 클릭하여 작성된 취업규칙 신고서와 동의서를 첨부하여 취업규칙을 신고할 수 있습니다. (취업규칙 신고서 별첨 참고)
- 취업규칙 작성 시 반드시 법으로 정한 내용을 반영한 표준 취업규칙 서식은 고용노동부 홈페이지(http://www.moel.go.kr)에서 다운로드해 사용이 가능하오니 참조 바랍니다.

취업규칙 작성 시 법적으로 필수 기재 사항은 아래와 같습니다.

(1) 업무의 시작과 종료시각, 휴게시간, 휴일, 휴가와 교대근로에 관한 사항
(2) 임금의 결정·계산·지급 방법, 산정 기간·지급 시기 및 승급에 관한 사항
(3) 가족수당의 계산과 지급 방법에 관한 사항
(4) 퇴직에 관한 사항
(5) 퇴직급여, 상여와 최저임금에 관한 사항
(6) 근로자의 식비, 작업 용품 등 부담에 관한 사항
(7) 근로자를 위한 교육 시설에 관한 사항
(8) 출산 전후휴가·육아휴직 등 근로자의 모성 보호 및 일·가정

양립 지원에 관한 사항

(9) 안전과 보건에 관한 사항

(9-2) 근로자의 성별·연령 또는 신체적 조건 등의 특성에 따른 사업장 환경의 개선에 관한 사항

(10) 업무상과 업무 외의 재해 부조에 관한 사항

(11) 표창과 제재에 관한 사항

(12) 그 밖에 해당 사업 또는 사업장의 근로자 전체에 적용될 사항

취업규칙을 사용자가 일방적으로 변경할 수 있지만 근로자에게 불이익하게 변경하는 경우에는 종전 취업규칙의 적용을 받고 있던 근로자의 집단의사결정 방식에 의한 동의가 반드시 있어야 합니다.

근로자의 집단의사결정 방식의 동의란 근로자의 과반수로 조직된 노동조합이 있는 경우에는 그 조합의 동의를 말하며, 조합이 없는 경우에는 근로자 과반수의 동의를 말합니다. 만약 이러한 동의가 없다면 취업규칙의 변경은 효력을 가질 수 없습니다.

□ 취업규칙 신고서 양식입니다.

■ 근로기준법 시행규칙 [별지 제15호서식] <개정 2012.2.9.>

취업규칙   [   ]신고서
[   ]변경신고서

※ [   ]에는 해당되는 곳에 √ 표시를 합니다.

접수번호		접수일	처리기간 1일
신고내용	사업장명		사업의 종류
	대표자 성명		생년월일
	소재지		
			(전화번호 :)
	근로자수 명 (남 명, 여 명)		노동조합원수 명
	의견청취일 또는 동의일 년 월 일		

「근로기준법」 제93조와 같은 법 시행규칙 제15조에 따라 위와 같이 취업규칙을 [   ]신고, [   ]변경신고]
합니다

년 월 일

신청인   (서명 또는 인)

대리인   (서명 또는 인)

○○지방고용노동청(지청)장
귀하

첨부서류	1. 취업규칙 (변경신고 하는 경우에는 변경 전과 변경 후의 내용을 비교 한 서류) 2. 근로자의 과반수를 대표하는 노동조합 또는 근로자 과반수의 의견을 들었음을 증명하는 자료 3. 근로자의 과반수를 대표하는 노동조합 또는 근로자 과반수의 동의를 받았음을 증명하는 자료 (근로자에게 불리하게 변경하는 경우에만 첨부합니다.)	수수료 없음

처 리 절 차

신청서 제출	\	접 수	\	내용검토	\	결 재	\	통 보
신청인		지방고용노동청(지청)장 (민원실)		지방고용노동 청(지청)장 (근로개선지도 과)		지방고용노동청(지청)장 (청장·지청장)		변경명령 (법령 또는 단체협약에 저축되는 경우)

210mm×297mm[일반용지 70g/㎡(재활용품)]

기업의 인사부서 업무 중
급여 & 복리후생 업무 아웃소싱 실무지침서

내부 분사 아웃소싱 신규 법인의 업무 수행을 위한 사무환경 등 인프라 구축은 무엇을 어떻게 해야 합니까?

내부 분사 아웃소싱 신규 법인이 업무대행을 추진하기 위해서는 사무환경 인프라를 구축해야 합니다.

사무환경 인프라 구축은 사무실 장소 확보 및 임대차계약 체결, 사무환경을 위한 사무실 전산 및 인테리어 공사, 사무실 업무환경 비품 구입 및 확보 등을 실시해야 합니다.

급여 & 복리후생 아웃소싱 업무대행을 위한 사무환경 인프라 구축은 약 8주~10주가 소요되며 세부적인 준비사항은 아래와 같습니다.

첫째, 사무실 장소 확보 및 임대차계약 체결입니다.

고객사(모회사) 내부 분사 후 아웃소싱 신규 법인을 설립하여 급여 & 복리후생 업무를 수행하기 위해서는 가능한 고객사(모회사) 빌딩 내에 사무실 공간을 확보함이 좋습니다.

왜냐하면 고객사(모회사) 급여 & 복리후생 업무 대행 시 고객사(모회사) 인사부서와 의사결정 신속을 도모하고, 고객사(모회사)에서 이미 구축한 빌딩 보안 시스템을 활용할 수 있으며, 전산 시스템 인터넷 선로 확보 등에 도움을 받을 수 있기 때문입니다.

사무실 임대차 계약은 공용면적과(사용자 공동 부담) 전용면적으로(사용자 일괄 부담) 구분하여 임대료를 책정함을 참고하여, 임대차 계약 체결 시 공동비용(빌딩 유지 보수 인력 비용, 보안 인력 비용, 고객 방문 시 접견실 운영 비용, 주차장 이용 비용 등)에 대해 임차료 반영 여부와 규모에 관해 사전에 협의를 통해 임차료 산정에 효율을 기해야 합니다.

대부분 임차 및 지급 수수료 등 비용 관련 계약은 첫해 체결한 계약을 중심으로 이후 재계약 시 인상, 인하, 동결 등을 적용하기에 임차료 첫해 계약 시 아웃소싱 회사의 의견이 반영되도록 적극 추진하고, 그 결과는 반드시 계약서에 명기하여 고객사(모회사) 담당자가 변경되더라도 계약 내용이 준수될 수 있도록 안전장치를 확보해야 합니다.

그래야 업무대행 시 공통 공간 사용에 따른 갈등을 해소할 수 있으며, 사무실 임대료 책정 시 특별한 사유 없이 사무실 주변 임대료와 차이를 적용하여 우대할 경우 법적으로 문제가 될 수 있음을 고려하여 사전 협의 후 정당한 사유가 임대차 계약서에 반영되도록 해야 합니다.

- 사무실 임대차 계약 체결 시 공통비용 항목 및 비용 부담 사전 협의 항목: 무인경비 설치 및 사용료(CCTV 등), 유인 경비 투입 비용, 빌딩 안내 서비스 인력 비용, 주차장 이용 비용, 문서 수발실 이용 비용, 청소 및 시설 정리 인력 비용, 조경관리 인력 비용 등이 있습니다.

둘째, 아웃소싱 신규 법인 출범 시 급여 & 복리후생 업무대행을 위한 사무환경 공사 및 구축 시 사무실 전산 기기 및 인테리어 비품 등을 고객사(모회사)의 재고 보유분을 활용 시 잔존가격(감가상각비) 등을 고려하여 고객사(모회사)의 지원 여부를 협의하여야 합니다.

상기와 같이 아웃소싱 회사 출범일자 기준 업무를 정상적으로 수행할 수 있도록 사무실 관리 공사, 전기 및 통신 공사, 인테리어 공사 등을 계획 일정표 의거 실시하며, 공사 등이 완료되면 전산 시스템 및 관련 자료와 서류 등을 이관하고 최종 테스트를 진행합니다.

셋째, 아웃소싱 신규 법인의 정상적인 업무 수행을 위하여 사무 비품과 전산 기기 등을 확보하여야 합니다.

그런데 내부 분사 아웃소싱 법인에서 사무 비품과 전산 기기 등을 신규 투자 시 비용이 부담되기에 고객사(모회사)에서 아웃소싱 회사로 신분이 전환되는 실무자 등이 사용 중인 비품과 전산 기기 등을 무상 지원받을 경우 사업 초기 비용 부담을 최소화할 수 있는 장점이 있습니다.

□ 신규회사 아웃소싱 업무대행을 위한 사무환경 공사 및 구축 시 체크 리스트

구분	진행 업무	세부 진행 업무	진행 기간	비 고
사무실 관리	이사업체 선정	견적서 수취 및 업체 선정	1주	
	배치도 작성	임원실, 회의실, 부서별 Lay-Out 검토 후 확정	2주	
	사무실 운영	복사기, 팩스, 생수 임대업체 확보	1일	각 업체 주소지 신고
		출입(보안) 시스템 견적 및 선정	3일	자동문 업체
		우편봉투, 명함 제작	1주	인쇄업체
		회사 명판 제작	1일	고무인 업체
		정기구독 신문, 잡지 연락	1일	신문지국
		부서별 이사 담당자 선정	1일	부서별 선정
전산, 통신	전화	설치 일자 협의	1주	전화 회선 여유분 확인 및 정식 전화번호 배정
		대표전화 선정		
		전화번호 안내		
		주소지 변경		
	전산, 설비	서버 가입	1일	전문 업체 가입
		정보 단말기 이전 및 설치	1일	해당 업체 연락
		전화교환기, UPS 이전 및 설치	1일	
		녹취기(전화, 이메일)	1일	
	인터넷 선로	업체 선정 및 계약 체결	1주	건물주 설치 여부 확인
	홈페이지	구축 및 약도/전화번호/연혁 수정	4주	
공사	인테리어	견적서 수취 및 업체 선정	1주	전문 인테리어 업체
		공사 시행 및 점검		
	출입문	공사 시행 및 점검	1일	자동문 업체
	에어컨 및 항온항습기	공사 및 설치/점검	1일	
	파티션	설치 및 점검	1일	
	전기, 통신	공사 시행 및 점검	1주	
	비품	사무용 가구 및 비품 구입 설치 확인	2일	
소요 기간			약 10주	

기업의 인사부서 업무 중
급여 & 복리후생 업무 아웃소싱 실무지침서

□ 급여 & 복리후생 업무대행 수행을 위한 사무환경 인프라 현황

사무환경 인프라		세부 준비사항
사무 공간	사무실, 회의실 서류 보관함, 파티션	아웃소싱 업무를 수행하기 위한 사무실 공간을 확보
구성원 개인별 업무 수행	책상, 의자 전화기	구성원 업무를 추진하기 위한 개인 비품 제공 (감가상각 기간 5년 적용)
	컴퓨터 모니터	구성원 업무를 추진하기 위한 개인 비품 제공 (감가상각 기간 3년 적용)
	프린터, 프린터 토너	프린터는 3-4명 공동 사용으로 제공
임직원 공통 사용	복사기	사무실에 1-2대 설치
	팩스	업무량 및 사무실 크기/동선을 고려, 탄력적으로 설치
	복사/인쇄용지	인쇄 및 복사 위한 인쇄용지 준비
아웃소싱 회사	회사 홈페이지	회사 안내/소개를 위한 홈페이지 구축
	회사 인사 시스템 회사 회계 시스템	회사 구성원 개인 정보 관리를 위한 인사 시스템 운영 회사 매입(수입), 매출(지출) 관리를 회계 시스템 운영

업무대행
시스템
	모회사 인사 시스템
	모회사 메신저
	모회사 보안 시스템
		고객사(모회사) 아웃소싱 업무대행 시
		고객사에서 사용하는 인사 시스템 및 메신저 사용
		(사용 수수료는 아웃소싱 회사에서 부담)
		- 고객사 업무대행 시 업무 협의 및 추진과 서비스
		  제공을 위해 필요하며, 수수료를 아웃소싱 회사에서
		  부담하기에 고객사에 청구를 사전에 협의하고 필요
		  시 무료로 사용하는 것도 검토함
		  (단, 공정거래법을 준수하도록 함이 중요함)

기타	주차장	아웃소싱 회사 소속 임직원 자동차 주차장 확보
	사무실 보안	빌딩 보안 인력이 사무실 입출입과 자료 보안을 추진할 수 있도록 사전 모회사와 협의함. - 필요시 보안인력 비용을 분담함.

19

고객사 인사부서에서 급여 & 복리후생 업무를
아웃소싱 추진 확정 시 업무 이관은 어떻게 합니까?

내부 분사 아웃소싱 법인에서 고객사의 급여 & 복리후생 업무를 대행 시 고객사의 회사 형태에 따라 업무 이관을 추진합니다.

아웃소싱 업무대행 시 고객사의 회사 형태는 4가지 형태로 첫째 현재 법인 그대로 업무대행을 하는 경우, 둘째 법인을 신규로 설립하는 경우, 셋째 법인을 분사하는 경우, 넷째 법인을 합병하는 경우가 있으며, 이 중 신규 법인 출범, 합병, 분사 시 기준 업무이관입니다.

□ 회사 운영 형태별 급여 & 복리후생 업무대행을 위한 업무 이관 특징

체크 항목	신규 법인 출범 (1)	합병 (2)	분사 (3)
급여 상여금	- 급여 정산 기간 수립 - 급여 지급 일자 결정 - 은행 및 계좌번호 등록 - 공제금 항목 결정 - 예외자 적용기준 수립 - 가입류자 체크 반영 - 급여명세서 제공 결정	- 존속회사로 소멸회사 임직원 급여 등 보상 관련 제반 자료 이관 - 존속회사 인사제도 기준 급여 등 보상 적용 결정	- 인건비 실적 이관 - 분사 회사 인사제도 및 보상 제도 기준 수립 - 신규 법인 출범(1) 기준 보상 관련 필요 업무 진행
증명서 발급	- 전산 시스템 구축 발급 (재직/경력증명서, 근로 소득원천징수영수증 등)	- 소멸회사 인사자료 이관 (존속회사에서 소멸회사 명 기준 3년간 제 증명 발급)	신규 법인 출범(1) 기준 - 전산 시스템 등 구축 - 인사/보상 제도 수립 - 인건비 실적 이관 등 추진함
사회보험 -국민/건강 -고용/산재	- 사업장 가입/성립 신고 - 피보험자 신규 취득 신고 - 보험료 납부	각 사회보험법에 의거 - 소멸회사 폐업/상실 신고 - 피보험자 신규 취득 신고 - 보험료 정산 및 납부	
퇴직금	- 퇴직연금 승계 - 국민연금 퇴직 전환금 대상자 확인	- 인건비 실적 이관 - 퇴직금/퇴직연금 이관	
세무 관련	- 원천세 납부 - 연말정산	- 합병 전 원천세 신고 완료 - 연말정산 不 실시, 기납부세액 존속회사로 이관	
근태	- 연차 적용기준 수립 - 현장 O/T 근무자 근태 반영	- 합병회사 인사제도 기준 근태 관리 실시	
복리후생	- 각 복리후생 제도 운용 (임금성 및 은혜성 반영)	- 합병 시 존속회사 인사제도 운용 기준 반영	
일용직	(법적 기준 반영) - 임금 및 근태 기준 수립 - 기타 복리후생 결정	- 법적 기준 반영	.

20

고객사(모회사)의 급여 & 복리후생 업무를
내부 분사 아웃소싱 추진 시 업무 R&R은 어떻게 설정합니까?
(일반 시장에서 출범한 아웃소싱 회사도 동일한 R&R로 진행합니다.)

내부 분사 아웃소싱 신규 법인에서 고객사(모회사)의 급여 & 복리후생 업무대행 시 서비스 과정과 결과의 책임 소재를 명확하게 하고 최고의 업무대행 서비스로 고객사(모회사) 인사부서 성과향상에 기여하기 위하여 모든 업무대행 항목에 R&R이 꼭 필요합니다.

〈용어 설명〉

- R&R (Role and Responsibilities) : 기업의 조직에서 직무의 개별 프로세스 및 조직의 구성원들이 수행해야 할 직무의 역할과 그 역할의 수행에 따른 책임 관계를 의미합니다.

즉, 급여 & 복리후생 업무를 아웃소싱 대행 시 역할과 책임을 명확하게 하여 의사결정 프로세스 기준으로 고객사(모회사)는 제도의 기획/기안에 집중하고, 아웃소싱 회사에서는 정형화되고 행정적인 반복 업무를 최대한 수행하여 아웃소싱의 효과를 높일 수 있도록 합니다.

급여 & 복리후생 업무 아웃소싱 추진 시 고객사(모회사)와 아웃소싱 법인의 R&R을 8개 업무로 구분하여 수립하고 시행합니다.

급여관리 및 지급 업무, 상여금 관리 및 지급 업무, 연말정산 및 세무 신고 관리 업무, 퇴직금 정산 및 지급 업무, 국민연금 가입관리 및 대상자 취득과 상실 업무, 건강보험 가입관리 및 대상자 취득과 상실 업무, 산재보험 및 고용보험 가입관리 및 취득과 상실 업무, 기타 복리후생 업무 등 측면에서 고객사(모회사)와 아웃소싱 회사 상호 간 R&R(업무의 역할과 책임)이 명확히 구분되어 있어야 합니다.

□ 급여 관리 및 지급 업무 수행 R&R

구분	모회사(고객사) 인사부서	내부 분사 회사(=아웃소싱 회사)
업무 수행 R&R	1. 채용 발령 및 인적 사항 생성 - 급여 MASTER 생성 및 신규/경력 입사자 연봉 입력 - 급여 형태와 방식, 할증 적용자 결정 2. 전배자 인사발령 확인 3. 각종 공제금 자료 제공 4. 매월 급여 예외자 제공 (신규 입사, 산재, 징계, 승진자 현황 등) 5. 복리후생 수혜 대상자 자료 제공 6. 사업장 O/T 발생자 근태 로드 - 각 사업장에서 근태 시간 전산 로드 12. 전사 급여 지급내역 확인 및 결재 14. 임직원 급여, 공제금 등 은행이체 EDI 최종 승인/결재 16. 매월 전사 인건비를 분석한다. (인사부서)	7. 인적 사항 파악 및 생성 - 급여 계좌번호 입력 - 신규자 연봉 확인 - 국민연금, 고용보험, 건강보험 입력 - 제공받은 급여 및 각종 공제금 입력 (일시적인 캠페인 대금, 공제금 등) - 개인연금(복리후생 별도) - 사업장 O/T 발생 직무 근태 로드 - 각 사업장에서 근태 시간 로드 확인 8. 급여 예외자 처리 - 발령사항 연계 월별 예외자 체크 (근태, 중도 입사, 기타) - 해외사무소 주재원 예외 처리 - 징계 및 승진 시 급여 예외자 처리 9. 급여 계산 처리 작업으로 각종 세금 산정, 공제금 처리로 급여실적 생성 - 급여 마감 처리 10. 분개 처리(계정, 부서별) 및 분개 내역 회계 시스템에 로드, HR 시스템 내 급여내역 본인 확인 로드 11. 급여 지급 품의 및 인사팀 결재 의뢰 (자금 신청) 13. 은행 제출용 EDI 생성 - 은행 로드 15. 급여대장, 급여 명세서, 세무자료, 공제 대장, 직급별 지급 현황 등 자료 제출한다.

PART 3
기업 인사부서 업무 중 급여 & 복리후생 업무를 내부 분사 아웃소싱 추진 시
성공적인 운영을 위한 필요사항은 무엇입니까?

155

□ 급여 관리 및 지급 업무 수행 R&R 프로세스

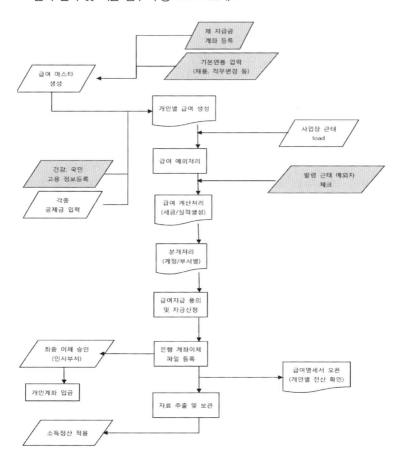

기업의 인사부서 업무 중
급여 & 복리후생 업무 아웃소싱 실무지침서

□ 상여금 관리 및 지급 업무 수행 R&R

구분	모회사(고객사) 인사부서	내부 분사 회사(=아웃소싱 회사)
업무 수행 R&R	1. 채용 발령 및 인적 사항 생성 　- 급여 MASTER 생성 및 신규 　자 연봉 입력 　- 급여 형태 및 방식, 할증 여 　부 결정 　- 상여 공제금 의뢰(일시적인 것) 　(주택 대부, 유상증자 등은 제외) 9. 전사 급여 지급내역 확인 및 　결재 11. 임직원 급여, 공제금 등 은행 　이체 EDI 최종 승인/결제 13. 매월 전사 인건비 분석한다. 　(인사부서)	2. 급여 마스터 대상자 선별 　- 급여 지급 형태(연봉 지수별) 대상 선별 　- 급여, 상여금 연결 여부 판단 　- 상여금 지급 시 공제금 체크 　(주택 대부, 유상증자 등) 3. 기준 일수 및 기준율 등록, 대상 직급, 　지급 형태 등록 4. 근태 예외자 체크 　(대상 월에 중도 입사자 일할 계산, 　수습 적용, 근태 연계 등) 5. 상여금 일괄, 개별 예외자 처리 　(대상 월에 중도 입사자 일할 계산, 　수습 적용, 근태 연계 등) 6. 상여금 계산 처리 및 세금 정산 　(세금의 경우 국세청 운용기준인 　간이세액조견표 반영하여 정산) 7. 각종 항목별 누계 발생 8. 상여금 지급품의 및 인사팀 결재 의뢰 　- 회계 분개 처리 상여 내역 본인 확인 　(개인별 명세서 전산 시스템 내 로드) 10. 은행 제출용 EDI 생성 - 은행 로드 12. 상여금 대장, 세무자료, 공제 대장, 　직급별 지급 현황 등 자료 제출한다.

□ 상여금 관리 및 지급 업무 수행 R&R 프로세스

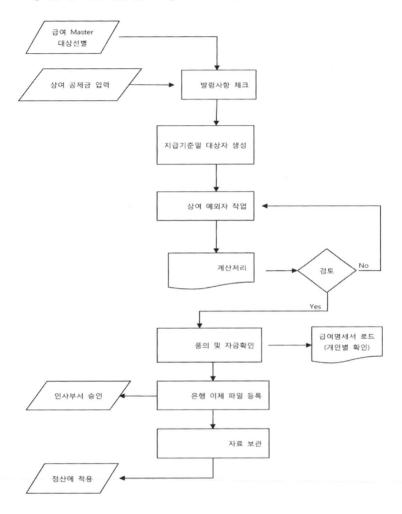

기업의 인사부서 업무 중
급여 & 복리후생 업무 아웃소싱 실무지침서

□ 연말정산 및 세무 신고 업무 수행 R&R

구분	모회사(고객사) 인사부서	내부 분사 회사(=아웃소싱 회사)
업무 수행 R&R	3. 전 임직원은 사내 인트라넷 공지 내용 참조하여 연말정산 전산 시스템 내에 개인별 해당 공제 내역 입력을 완료하고(전산입력이 불가한 곳은 수기로 작성) 증빙 서류를 인쇄 후 사인하여 소속 부서에서 취합한다. 4. 모든 부서는 소속 임직원 연말정산 증빙서류를 취합하여 아웃소싱 회사 담당자에게 제출한다. 13. 연말정산 결과 최종 세무 신고를 위한 아웃소싱 회사에서 제출한 파일과 서류를 확인한 후 최종 신고 파일에 대하여 국세청 홈택스 접속하여 제출한다.	1. 연말정산 안내문 공지 　- 인사부서: 공문 발송 　- 임직원: 사내 인트라넷 안내 2. 임직원 개인별로 연말정산 전산 시스템 내에서 개인별 해당 공제를 입력하고, 입력 완료한 신청서를 전산으로 추출 후 서명하여 증빙서류와 함께 제출하도록 사내 인트라넷에 공지한다. 5. 연말정산 담당자는 고객사 임직원이 제출한 신청서와 증빙을 연말정산 기준과 비교한다. 6. 고객사 임직원의 입력 과정의 오류, 공제 적용 적합 여부를 검증하며, 부족 서류 요청 및 보완 등을 실시한다. 7. 연말정산 계산 처리를 실행한다. 8. 임직원 개인별로 연말정산 결과 원천징수영수증을 사내 인트라넷에 오픈하여 연말정산 내역을 개인별로 최종 확인 업무를 추진한다. 9. 급여에 연말정산 차감 세액을 로드하여 2월 급여 지급 시 환급 또는 공제한다. 10. 원천징수영수증 등 서류를 출력 또는 파일로 보관한다. 11. 1년간의 퇴직, 근로에 대한 소득세 장부를 체크하여 최종 확정신고를 위한 세무 신고 파일을 생성한다. 　- 퇴직소득, 근로소득, 기부금, 의료비 등으로 오류 검증이 완료된 최종 제출 파일을 생성한다. 12. 세무 신고 파일을 생성하여, 해당 파일 고객사 업무 주관부서(보통 재무 파트)로 제출한다. 14. 연말정산 세무 신고 제출 기한에 맞게 제출되었는지 최종 확인한다. (신고 제출은 고객사 주관 실시한다.)

PART 3
기업 인사부서 업무 중 급여 & 복리후생 업무를 내부 분사 아웃소싱 추진 시
성공적인 운영을 위한 필요사항은 무엇입니까?

159

□ 연말정산 및 세무 신고 업무 수행 R&R 프로세스

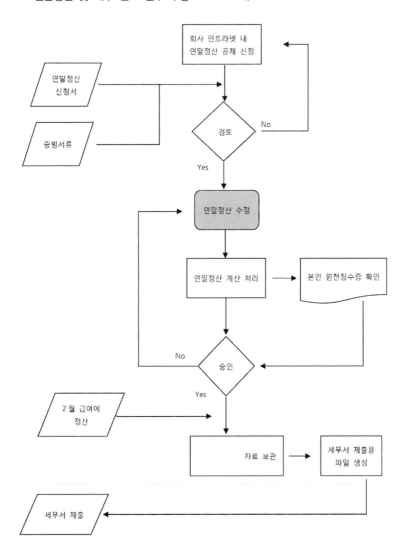

기업의 인사부서 업무 중
급여 & 복리후생 업무 아웃소싱 실무지침서

□ 퇴직금 정산 및 지급 업무 수행 R&R

구분	모회사(고객사) 인사부서	내부 분사 회사(=아웃소싱 회사)
업무 수행 R&R	1. 사직원 결재 후 발령 처리를 한다 - 발령 사유에 따라 사회보험 상실 신고가 되므로 정확한 퇴직 사유로 발령을 낸다. 2. 각종 공제금과 근태 체크 후 사직원, 퇴직연금 청구서, 개인연금 신청서, 업무처리서, 각종 공제금 등을 아웃소싱 담당자에게 발송(공유, 제출)한다. 6. 퇴직금 정산 결과 자료를 접수 후 확인하여 승인/결재 또는 수정하도록 한다. 10. 인사부서에서 승인/결재한 퇴직금 정산, 지급 관련 자료를 확인하고 회사 해당 지급액을 입금한다. 13. 우리 사주는 재무(경리) 파트 담당자가 퇴직발령을 확인하여 매도 또는 퇴직자에게 위임한다.	3. 결재를 득한 사직원을 접수 후 발령을 확인한 다음 각종 공제금, 근태 등을 체크 후 퇴직금을 정산한다. 4 퇴직금 정산 완료 후 퇴직 명세서 추출 후 각 항목에 맞게 전표 입력한다. 5 퇴직금 명세서 등을 고객사 인사부서 담당자에게 제출하고 승인을 요청한다. 7. 고객사 인사부서 승인/결재 확정 시 퇴직금 정산 명세서와 정산 결과 퇴직금 원천징수영수증 등을 퇴직자 개인에게 발송한다. (이메일 또는 우편 발송) 8. 퇴직금 지급 일자에 맞추어 퇴직연금이 IRP계좌로 지급되도록 연금 신청서를 작성하여 연금사에 신청을 한다. 9. 퇴직금 지급일 2일 전까지 고객사 지급 유관부서에 자금을 신청한다. 11. 매달 발생한 퇴직금 정산 명세서를 보관한다. 12. 원천세 신고를 위하여 퇴직 & 근로 소득 원천징수영수증을 매월 초 고객사 각 사업부 원천세 신고 담당자에게 발송한다.

□ 퇴직금 정산 및 지급 업무 수행 R&R 프로세스

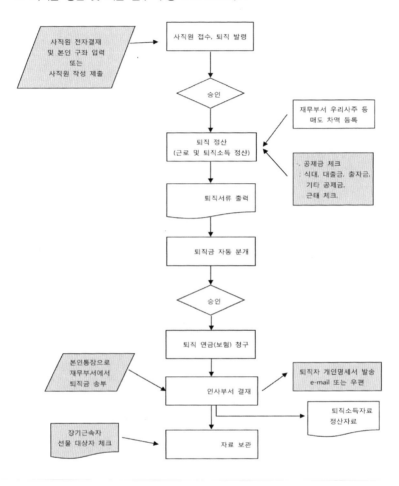

기업의 인사부서 업무 중
급여 & 복리후생 업무 아웃소싱 실무지침서

□ 국민연금 관리 업무 수행 R&R

구분	모회사(고객사) 인사부서	내부 분사 회사(=아웃소싱 회사)
업무 수행 R&R	1. 인사부서에서 국민연금 납부 관련 예산을 확보한다. 9. 재무부서에서 국민연금을 납부한다.	2. 채용과 퇴직 발령이 나면 발령 현황을 체크하여 국민연금 자격 취득 혹은 상실 신고를 사회보험 EDI를 이용하여 신고한다. 3. 신규 및 경력 입사자의 경우 공단에 신고가 완료되면 급여 기초사항에 국민연금 보험료를 입력하여 급여 작업 실행 시 국민연금이 공제되도록 한다. 4. 공단에서 고지한 국민연금 내역을 EDI로 다운로드해 급여공제한 내역과 비교하여 내역을 맞추고 납부 품의를 작성한다. 5. 국민연금 납부 예외자는 정리하여 익월 급여에 반영토록 준비한다. 6. 국민연금 고지서를 공단에 요청하여 수령한다. 7. 국민연금 납부할 금액에 대한 전표를 발생하여 품의서와 함께 고객사 결재를 맡는다. 8. 국민연금 전표, 고지서를 재무부서에 전달하여 납부가 될 수 있도록 한다.

PART 3
기업 인사부서 업무 중 급여 & 복리후생 업무를 내부 분사 아웃소싱 추진 시
성공적인 운영을 위한 필요사항은 무엇입니까?

163

□ 국민연금 관리 업무 수행 R&R 프로세스

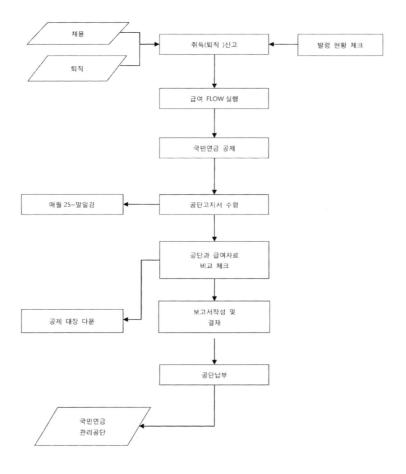

기업의 인사부서 업무 중
급여 & 복리후생 업무 아웃소싱 실무지침서

□ 건강보험 관리 업무 수행 R&R

구분	모회사(고객사) 인사부서	내부 분사 회사(=아웃소싱 회사)
업무 수행 R&R	1. 인사부서에서 건강보험료 납부 관련 예산을 확보한다. 10. 재무부서에서 건강보험료를 납부한다.	2. 채용과 퇴직 발령이 나면 발령 현황을 체크하여 건강보험 자격 취득 혹은 상실 신고를 사회보험 EDI를 이용하여 신고한다. 3. 퇴직자의 경우는 당해 연도 실 보수액을 재계산하여 기납부액과의 차액을 정산하여 추징 혹은 환급한다. 4. 신규 및 경력 입사자의 경우 공단에 신고가 완료되면 급여 기초사항에 건강보험료를 입력하여 급여 작업 실행 시 건강보험료가 공제되도록 한다. 5. 공단에서 고지한 건강보험료 내역을 EDI로 다운로드해 급여공제한 내역과 비교하여 내역을 맞추고 납부 품의를 작성한다. 6. 건강보험료 납부 예외자는 정리하여 익월 급여에 반영토록 준비한다. 7. 건강보험료 고지서를 공단에 요청하여 수령한다. 8. 건강보험료 납부할 금액에 대한 전표를 발행하여 품의서와 함께 고객사 결재를 맡는다. 9. 건강보험료 전표, 고지서를 재무부서에 전달하여 납부가 될 수 있도록 한다.

□ 건강보험 관리 업무 수행 R&R 프로세스

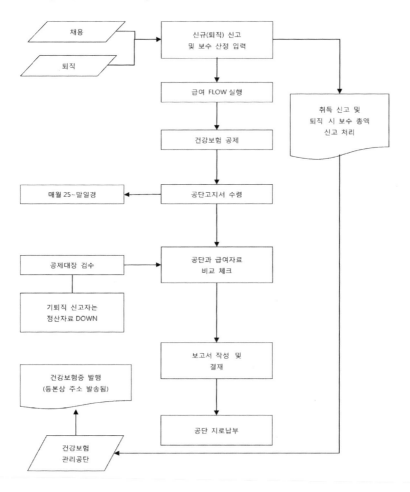

기업의 인사부서 업무 중
급여 & 복리후생 업무 아웃소싱 실무지침서

□ 산재보험 및 고용보험 관리 업무 수행 R&R

구분	모회사(고객사) 인사부서	내부 분사 회사(=아웃소싱 회사)
업무 수행 R&R	1. 인사부서에서 산재보험료 및 고용보험료 납부관련 예산을 확보한다. 9. 재무부서에서 산재보험료 및 고용보험료를 납부한다.	2. 발령 현황을 체크하여 산재보험 및 고용보험 신규 취득과 상실 인원을 확인한다. 3. 산재보험 및 고용보험 자격 취득 시 보수월액(연봉)을 기준으로 취득신고를 한다. 4. 산재보험 및 고용보험 자격상실 시 보수월액(퇴직 시까지 받은 근로소득)을 기준으로 상실 신고를 사회보험 EDI를 통해 신고한다. 5. 공단에 신고한 해당사항을 적용하여 급여 작업을 실행시킨다. 6. 급여 작업 시 고용보험료를 공제한다. 7. 산재보험료 및 고용보험료 납부할 금액에 대한 전표를 발행하여 품의서와 함께 고객사 결재를 맡는다. 단, 공단에서 고지한 보험료는 전년도 보수 신고금액 기준이고, 회사의 공제 금액은 당월 급여가 기준으로 상호 일치하지 않음을 참고한다. 10. 매년 연말정산 후 근로소득을 기준으로 보수 신고를 3월 10일까지 근로복지공단에 신고하여 정산보험료를 납부한다.
		11. 퇴직자의 고용보험 실업급여 수급을 위하여 이직 확인서(실업급여 수급)를 작성 후 공단에 접수한다. 단, 퇴직 사유에 따라 작성 접수하며, 퇴직 사유가 불투명한 경우 고객사 인사부서에 확인을 받아 진행한다. 공단에 신고 시 3회 이상 오류/착오가 있을 경우 과태료 납부 대상이 되기에 신고 서류 접수 등에 오류/착오가 없도록 한다.

PART 3
기업 인사부서 업무 중 급여 & 복리후생 업무를 내부 분사 아웃소싱 추진 시
성공적인 운영을 위한 필요사항은 무엇입니까?

167

□ 산재보험 및 고용보험 관리 업무 수행 R&R 프로세스

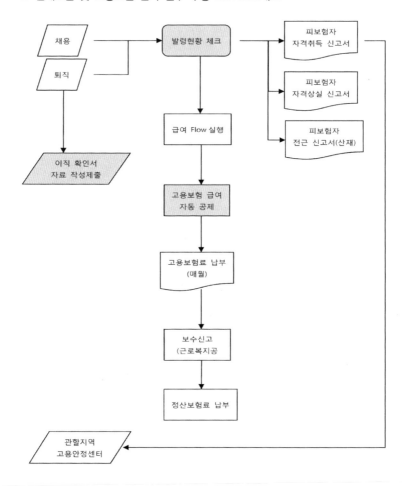

□ 기타 복리후생 업무 중 학자금 업무 수행 R&R

구분	모회사(고객사) 인사부서	내부 분사 회사(=아웃소싱 회사)
업무 수행 R&R	1. 인사부서 학자금 지원기준을 수립한다. 2. 인사부서 학자금 예산을 확보한다. 3. 학자금 수혜 대상 직원은 매년 초 학자금 신청서를 작성하고 영수증을 첨부하여 인사부서로 제출한다.	4. 고객사 학자금 지원기준에 준하여 매년 2~3월 초에 학자금 수혜 대상자 개인별로 학자금을 신청받는다. 　단, 유치원 지원금은 연말정산 가족 사항으로 대상자를 자동 생성한다. 5. 신청된 학자금 신청서를 취합하여 영수증과 신청서 금액이 맞는지 등을 확인하여 반영한다. 　(중, 고, 대학교는 영수증을 제출한다.) 6. 학자금 지급을 위해 전산에 반영한 자료를 다시 한번 출력하여 이상 유무 확인한 후 작업이 정상적으로 되었으면 전산 시스템 반영/처리 후 품의하여 결재를 받는다. 7. 재무부서에 자금 신청을 한다. 　- 관련 회계전표는 품의서와 함께 결재하여 재무부서에 제출한다. 8. 사원은 사내 복지 기금에 지급하면 과세대상에서 제외하고, 임원은 지원금으로 지급하며 과세한다. 9. 학자금 지급일 전날 통장으로 지급 하기 위하여 은행 파일을 생성한다. 　(지원금 및 사내 복지 기금) 10. 1/4분기 지급 결과 기준으로 2/3/4 분기에는 변동된 영수증만 다시 접수 받아 기초자료 수정 후 동일 작업을 반복한다. 　- 단, 대학생의 경우 2기분 지급 시 휴, 복학 여부를 확인한다.

□ 기타 복리후생 업무 중 학자금 업무 수행 R&R 프로세스

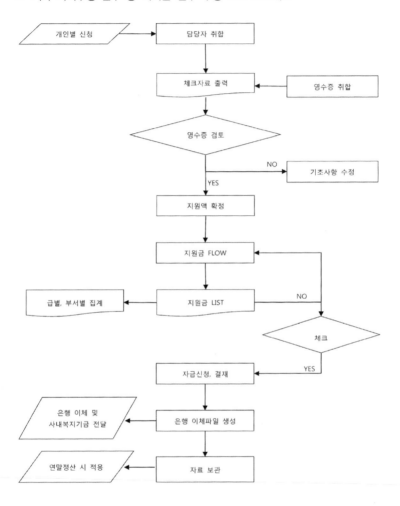

내부 분사 아웃소싱 법인 출범 시 급여 & 복리후생 업무대행을 위한 인력 구성은 어떻게 합니까?

내부 분사 아웃소싱 신규 법인 출범 시 인력 운용은 업무대행 첫 해에 조기 안정화를 최우선으로 구성하되, 출범 3-4년 후 연봉 인상 등 비용 증가가 경영에 부담이 되지 않도록 실무 대리급 이하를 대상으로 선임함이 좋을 것입니다.

왜냐하면 고객사(모회사 등)는 급여 & 복리후생 업무 아웃소싱 추진 시 비용 절감 효과를 기대하기에 업무대행 수수료의 매년 인상은 현실적으로 불가할 것입니다.

그러나 내부 분사 급여 & 복리후생 업무 아웃소싱 법인 소속 직원들은 매년 연봉(임금) 인상 니즈(욕구)가 있고, 시장의 동종업계 수준 정도는 최소 인상해야 구성원들의 이탈을 방지하고 업무 몰입도를 높일 수 있기 때문입니다.

그런데 고객사(모회사)는 급여 & 복리후생 업무를 아웃소싱 추진

PART 3
기업 인사부서 업무 중 급여 & 복리후생 업무를 내부 분사 아웃소싱 추진 시
성공적인 운영을 위한 필요사항은 무엇입니까?

171

시 현재 실무 담당 인력 중 상대적으로 고직급 인력을 전환 대상자로 하여 인력 구조조정 효과를 도모하려는 경향이 있습니다.

그리고 고직급을 전환 대상자로 하는 명분은 아웃소싱 신규 추진 시 실무 경험자를 통해 업무대행을 조기 안정화하기 위함이라고 말할 것입니다.

그러나 내부 분사 아웃소싱 신규 법인에서는 고객사(모회사)에서 고직급 인력이 다수 전환할 경우 아래와 같은 몇 가지 경영애로가 발생할 수 있음을 유의해야 합니다.

첫째, 급여 & 복리후생 업무대행 출범 초기 고객사(모회사)의 업무대행 안정화가 가장 중요하지만 이를 위해 고객사(모회사) 인사부서의 실무자 중 고직급 대상자를 아웃소싱 법인으로 신분을 전환할 경우 3-4년 뒤 인건비 부담으로 아웃소싱 법인 경영에 부담과 악영향을 가져올 수 있습니다.

둘째, 급여 & 복리후생 업무는 정형화되고 행정적인 업무로 실무자의 역량이 지속적으로 성장하기 어려운 직무에 해당되기에 실무자의 승진 욕구와 매년 연봉 인상 욕구를 동시에 만족시킬 수 없는 직무 특징이 있음을 인식해야 합니다.

그러면 내부 분사 급여 & 복리후생 아웃소싱 법인에서 매년 연봉 인상 또는 매 3-4년 차 승진 시 추가 연봉 인상에 따른 비용 부담을 흡수할 수 있어야 하는데, 이는 아웃소싱 업무의 프로세스 개선을 통한 업무 간소화로 수행 시간을 줄이고 실무자의 업무 스킬 향상으로 고객사 담당 범위를 1명분에서 1.5명분 또는 2명분을 수행할 수 있도록 하여 연봉 인상 등 비용 상승 부담금액을 효율적으로 흡수해야 합니다.

위와 같이 아웃소싱 실시 목적을 달성함으로써 고객사 인사부서의 성과향상에 기여하고, 비용 절감 효과를 제공하며, 고객사 임직원의 서비스 만족도를 높이는 실질가치를 제공함으로써 아웃소싱 회사의 경쟁력을 강화하고 지속적인 업무대행 서비스를 제공할 수 있도록 하여야 합니다.

그러면 내부 분사 아웃소싱 신규 법인 출범 시 실무자 인력 규모에 대해 살펴보겠습니다.

□ 아웃소싱 신규 법인 설립 후 급여 & 복리후생 업무 대행 시 기본인력 구성

	업무 내용	대상자 선정	대상자 직급
법인 대표	아웃소싱 신규 법인 운영 신규 사업 분야 개발 등	1명	모회사 간부
법인 운영		1-2명	
급여 실무자	급여, 퇴직금 서비스	모회사 직접 수행 시 담당 인력 참고 선정	모회사 대리 이하 사원
복리후생 실무자	사회보험 등 제반 복리후생 업무		

사업 초기 인력 구성은 최소한으로 운영하며 이후 업무영역(고객사) 확대 시 인력을 충원합니다.

PART 3
기업 인사부서 업무 중 급여 & 복리후생 업무를 내부 분사 아웃소싱 추진 시
성공적인 운영을 위한 필요사항은 무엇입니까?

173

□ 급여 & 복리후생 업무 아웃소싱 추진 시 실무자 T/O 산정

급여 인원	300명 미만	500명 이상	1,000명 이상	1,500명 이상	2,000명 이상
실무 담당자	0.5명	1명	1명	1.5명	2명
업무대행 범위	급여 & 복리후생 실무자 수행업무 표 참조.				

상기 표와 같이 실무자 인력을 구성하되, 고객사(모회사)에서 직접 급여 & 복리후생 업무 수행 시 급여 정산 횟수(연봉 분할 횟수 기준=12분할, 13분할, 15분할 등), 매년 상여금 지급 횟수, 연간 1회 지급하는 연차수당, 인센티브(성과급), 연말정산 연 1회, 일별(또는 주별) 퇴직금 정산 인력, 사회보험 취득 및 상실 관리, 복리후생 업무 수행 횟수, 기타 제 지급금 지급 횟수 등 업무 공수를 반영하여 적정 T/O를 산정 후 업무대행 수수료에 반영해야 합니다.

그리고 내부 분사 아웃소싱 신규 법인이 출범 후 고객사(모회사)가 M&A를 통해 회사가 증가 시 아웃소싱 출범 목적에 맞게 고객사(모회사)의 계열 회사 확대 즉시 급여 & 복리후생 업무를 대행할 수 있도록 양성인력(또는 잉여인력) 1-2명은 상시 운영을 하고 있어야 고객사(모회사) 요구를 충족할 수 있음에 경영에 부담을 주지 않은 범위 내에서 인력을 양성해야 합니다.

또한 반대로 고객사(모회사) 계열 회사를 매각 시 급여 & 복리후생 업무대행 고객사 축소로 내부 분사 아웃소싱 회사의 잉여인력 발생에 따른 인건비 등 총비용이 경영에 부담되기에 인력 운용의 효율성을 제고해야 할 것입니다.

〈용어 설명〉

- 인원 T/O : 'Table of Organization(인원 편성표 또는 조직 편성표)'의 약자로,
  "조직표 상에 인원이 비었다"입니다. 즉, 공석이기 때문에 사람을 뽑는다는 의미
  로 일정한 규정에 의하여 정한 인원을 뜻합니다. 우리말로는 정원(定員)으로
  표현할 수 있습니다.

□ 급여 & 복리후생 실무자 수행업무

업무 구분	세부 업무처리	결과물 제공
제 지급금	월 급여, 상여금, 연차수당 등 정산/지급 급여(상여금) 은행지급 이체 관리 급여(상여금) 명세서 On-Line 제공 공제금 처리 업무/보상 지급 시 가압류 및 공탁 신청(법적 발생 시 반영) 기타 제 수당 정산/지급 국내 근무 외국 국적자 원천세 처리	급여(상여금) 등 품의서 外 리포트 제공 - 품의서(고객사 인사팀 형식 기준) - 인건비 증감 현황: 전월 & 개인별 - 매월 제 보상 예외자 및 공제 현황 등
퇴직금	퇴직금 정산자료 및 명세서 제공 퇴직연금제도 운용 지원 업무 퇴직금 정산 서류 퇴직자 개인 우편 발송	매월 퇴직금 추계액 정산 품의서 제공
연말 정산	연말정산 교육 실시 및 매뉴얼 배포 연말정산 제출서류 취합/정리 및 재확인 연말정산 전산 데이터 반영/처리 연말정산 부당공제 세무서 대응 업무 종합소득세 관련 Process 지원	연말정산 결과 신고자료 품의서 제공
사회 보험	건강보험, 국민연금, 고용보험 취득/상실 매월 건강, 국민, 고용보험 보수총액 신고 산재/고용보험료 매월 공단 신고 및 관리 매월 사회보험 공단 청구분 정산 관리	각 보험료 예수금 관리 자료 제공 산재/고용보험료 신고 인건비 자료 제공 건강/국민/고용보험 등 납부 품의서 제공
복리 후생	사내복지기금 업무 : 제도 운용 시 지원 복리후생 지원금(과표 포함) 지급 업무 - 학자금, 의료비, 부임비, 근속휴가비 등 주택 대부이자 등 지급 및 과표 반영 기타 과표 포함 대상 지원금 지급 업무	복리후생 지원금 지급 관련 품의서 제공

PART 3
기업 인사부서 업무 중 급여 & 복리후생 업무를 내부 분사 아웃소싱 추진 시
성공적인 운영을 위한 필요사항은 무엇입니까?

175

모회사(고객사)의 급여 & 복리후생 업무를 아웃소싱 추진 시 위탁대행(도급) 계약서에 반영해야 하는 필수사항은 무엇입니까?

내부 분사 아웃소싱 신규 법인에서 고객사(모회사)와 계약을 체결 시 아래 계약 사항이 꼭 반영되도록 하여, 업무대행 서비스 제공 과정 또는 결과에 문제가 발생 시 책임소재를 명확하게 하고 원활한 해결이 되도록 하여야 합니다.

□ 급여 & 복리후생 업무대행(위탁) 계약서 항목 현황

계약 반영 항목	세부 필수 반영 내용
제1조 계약의 목적	급여 & 복리후생 업무대행 계약의 목적에 대해 기술합니다.
제2조 업무 범위	급여 & 복리후생 업무대행 범위를 구체적으로 기술합니다. - 아웃소싱 각 업무별 세부 수행 항목은 별첨으로 추가합니다. - 아웃소싱 업무 중 고객사(甲)에서 필수 수행해야 할 내용을 별첨으로 별도 정리하여 R&R에 따른 책임소재를 명확히 합니다.
제3조 계약 기간	계약은 보통 1년 단위로 체결합니다. - 계약기간 만료 시 자동 연장됨과 도급 수수료는 재협의한다는 내용을 반영합니다.
제4조 도급비	도급 수수료 매월 지급액을 기술합니다. - 매월 도급 수수료 금액에 부가가치세 불포함을 기술합니다. - 도급 수수료 청구 기간, 횟수, 지급 일자를 기술합니다. - 기타 도급 수수료 관련 예외 조항이 있으면 반드시 기술합니다.
제5조 책임의 한계	업무대행 계약업무 수행 시 甲, 乙의 책임에 대해 기술합니다. - 업무대행을 계약기간 내 중도 중지 또는 재계약 해지 시 업무대행에 관해 세부사항을 기술합니다. - 업무대행 시 소득세, 사회보험료 등 착오납부에 대해 과태료

	발생 시 부담 주체에 관해 기술합니다.
제6조 당사자의 의무	신의성실에 준하여 업무대행 계약에 대한 甲과 乙의 의무에 대해 기술합니다.
제7조 비밀유지	업무대행 계약에 대한 甲과 乙의 비밀준수 내용을 기술합니다. - 개인 정보 보호 표준 위탁서는 별도 정리 계약서 별첨하여 상호 날인 후 보관합니다.
제8조 손해배상	업무대행 수행 시 제2조, 제7조 등 위반 시에 대한 손해배상에 관해 세부적인 내용을 기술합니다.
제9조 소프트웨어 사용	乙이 甲의 전산 시스템을 사용 시 이용료는 무상임을 기술합니다.
제10조 업무대행 장소	乙이 업무대행을 수행하는 장소 관련 내용을 기술합니다.
제11조 기타	기타 업무대행 시 서면고지 내용, 서류 반납 등에 기술합니다. 상호 분쟁이 발생 시 관할법원에 대해 기술합니다.
표준 개인 정보 처리 위탁 계약서 : 추가 내용 참조	

□ 표준 개인 정보 처리 위탁 계약서 항목 현황

계약 반영 항목	세부 필수 반영 내용
제1조 목적	개인 정보 처리 계약의 목적에 대해 기술합니다.
제2조 용어의 정의	계약서 용어의 정의에 관해 기술합니다.
제3조 위탁업무의 목적 및 범위	급여 & 복리후생 업무대행(위탁) 계약서 제2조 업무범위에 기준하고 별첨 업무 수행 내역서 세부 현황에 준하여 수행한다는 내용을 기술 합니다.
제4조 재위탁 제한	재위탁 제한에 관해 기술합니다.
제5조 개인 정보 안정성 확보 조치	개인 정보의 안정성 확보에 필요한 관리적, 기술적 조치를 취하여야 하는 내용을 기술합니다.
제6조 개인 정보의 처리 제한	개인 정보 처리 제한에 관한 내용을 기술합니다.
제7조 수탁자에 대한 관리, 감독 등	甲의 임직원에 대한 개인 정보를 乙이 업무대행 시 활용함에 따른 乙의 대표자가 행하여야 할 의무에 대해 기술합니다.
제8조 손해배상	개인 정보 처리 계약에 대한 위반 시 손해배상에 관해 세부적인 내용을 기술합니다.

개인 정보 보호 지침은 개인정보보호법 제12조 제2항에 따라 고용노동부에서 훈령으로 정한 것으로 개인 정보 처리자가 준수하여야 하는 개인 정보의 처리에 관한 기준, 개인 정보 침해의 유형 및

예방조치 등에 관한 세부적인 사항을 규정함을 목적으로 합니다.

일반법인 개인 정보 보호법령으로는 모든 산업 분야에서 개인 정보 보호 규율과 변화가 빠른 개인 정보 처리 기술 변화에 적시 대응이 어려우므로, 현실적으로 법적 적합성이 높은 보호 기준 제시를 통해 입법의 보충적 지침이 필요하다고 판단하여 표준 개인 정보 보호 지침을 개정하여 시행합니다.

그 결과 사업주는 개인 정보의 수집, 제3자 제공 등 법령을 이해하고 해석하는데 필요한 주요 개념과 적용 원칙 등에 관한 기준을 수립하고, 개인 정보 수집 이용 및 제공 등의 업무 수행 과정에서 동의가 필요한 사항과 동의를 받는 방법 등에 대해 세부적으로 개인 정보 처리 방법을 제시했습니다.

또한 개인 정보 보호 책임자 지정 및 운용, 개인 정보 처리 지침 작성, 개인 정보 처리 위탁 시 주의 및 유의 사항 등의 구체적인 관리와 운용 기준을 제시하고, 개인 정보 파일 운용 및 안전한 관리를 위해 필요한 조치사항 등이 포함됩니다.

23

내부 분사 아웃소싱 신규 법인의 급여 & 복리후생 업무대행 시 위탁대행 수수료 산정은 어떻게 합니까?

내부 분사 아웃소싱 신규 법인의 업무대행(용역) 수수료 산정 기준은 출범 첫해와 2년 차부터 일부 항목을 다르게 적용해야 합니다.

사유는 아웃소싱 신규 법인 출범 첫해에는 인프라 구축이 발생하지만 2년 차부터는 제외되기에 이를 반영하여 업무대행(용역) 수수료를 책정하기 때문입니다.

업무대행(용역) 수수료 대상 항목은 크게 인건비, 운영 경비, 임차료, 마진(이익률)으로 구분하여 수수료를 산정합니다.

첫째, 급여 & 복리후생 업무 아웃소싱 수수료 중 인건비 산정 기준입니다.

아웃소싱 수수료 중 인건비 산정은 아웃소싱 신규 법인 출범 첫해에 모회사(고객사)를 퇴직 후 아웃소싱 회사로 신분을 전환하는 대상자에 대해 산정합니다. 그리고 2년 차부터는 업무대행 범위가 특

PART 3
기업 인사부서 업무 중 급여 & 복리후생 업무를 내부 분사 아웃소싱 추진 시
성공적인 운영을 위한 필요사항은 무엇입니까?

179

별한 증감이 없을 시 인건비 상승분만 추가 반영 후 모회사(고객사)에 제안하고 협의합니다.

둘째, 급여 & 복리후생 업무 아웃소싱 수수료 중 운영경비 산정 기준입니다.

아웃소싱 수수료 중 운영경비는 아웃소싱 법인 출범 첫해에 사무실 인프라 구축비용 지원 등을 포함하여 연간 운영경비를 확정합니다. 그리고 2년 차부터는 인건비의 20% 수준 등 합리적인 기준을 수립하여 상호 협의 후 산정합니다.

셋째, 급여 & 복리후생 업무 아웃소싱 수수료 중 임차료 산정 기준입니다.

아웃소싱 수수료 중 임차료는 빌딩 내 입주회사에 공통 적용기준을 반영하여 특혜 등으로 법적 문제가 없도록 산정합니다. 임차료는 전액 임차 회사인 고객사(모회사)에게 지불하기에 지불 비용과 동일 수준에서 임차료가 아웃소싱 수수료에 반영되도록 합니다.

단, 영업 확대로 인력이 증가하여 임차공간이 증가 시 임차료 증가분은 아웃소싱 회사 자체적으로 부담하도록 합니다.

넷째, 급여 & 복리후생 업무 아웃소싱 수수료 중 마진(이익률) 산정 기준입니다.

아웃소싱 수수료 중 마진(이익률)은 자체 영업이익 및 이익잉여금을 포함한 것으로 법인 투자 비용도 포함합니다.

아웃소싱 신규 법인은 모회사(고객사) 업무대행 목적으로 법인이 출범하였기에 마진(이익률)이 발생 시 사업을 위한 재투자 재원으로 사용함을 원칙으로 운영합니다.

□ 마진(이익률) 산정 및 적용 관련 운영 원칙

적정 마진(이익률)은 업무대행(용역) 수수료 규모에 따라 3~7% 수준에서 운영하며, 마진(이익률)에서 세무 수수료, 배당금(자본금 투자) 및 법인세 납부 등을 실시합니다.

아웃소싱 신규 법인 출범 2년 차부터는 영업을 위한 인프라 구축 비용은 아웃소싱 법인의 자체 이익에서 재투자하는 것을 원칙으로 합니다.

사업 출범 첫해의 현실적인 어려움을 감안하여 업무대행(용역) 수수료의 3~7% 수준에서 상호 협의하여 마진(이익률)을 책정 후 반영합니다.

단, 내부 분사 아웃소싱 법인 운영 2년 차 재계약 시 부터 출범 첫해에 반영한 마진(이익률) 금액의 적정 여부에 대한 결과를 분석하여 상호 협의하여 적정선에서 반영될 수 있도록 합니다.

□ 급여 & 복리후생 업무대행(용역) 수수료 산정 항목 현황

수수료 항목		세부 항목
인건비	월 급여	기본급, 제 수당, 식대 등
	부가 급여	상여금, 연차수당, 인센티브(성과급)
	사회보험료	국민연금, 건강보험, 고용보험, 산재보험,
	복리후생비	단체보험료, 학자금, 의료비, 선물, 건강검진비, 경조금 행사비, 잔업 시 식대 등
경비	일반 경비	회의비, 여비교통비, 교제비(접대비), 교육훈련비, 운송비 도서인쇄비, 소모품비(수선비), 통신비, 조세공과, 감가상각비 등 ☞ 아웃소싱 법인 출범 첫해 인프라 구축비
	지급 수수료	세무 수수료, 복사기 유지 보수, 전산 유지 보수, 홈페이지 고객사 인트라넷 및 메신저, 인사 및 회계 시스템(더존) 채용 신용 조회, 사원증 발급, 인터넷 뱅킹, 퇴직 보험료 관리
	임대료	임차료, 사무실 관리비, 건물 운영 관리비(공통)
관리비	업무관리비	업무관리비, 관리유지비 - 세무 수수료, 배당금, 법인세 등 포함
총 수수료 계		

급여 & 복리후생 업무 아웃소싱 관련 모회사(고객사)의 그룹 계열사 업무대행 증가 또는 외부 회사 영업 확대 시 위탁대행 수수료 조정과 운영은 어떻게 합니까?

아웃소싱 신규 법인은 모회사(고객사)의 급여 & 복리후생 업무를 대행하기 위하여 설립되었기에 고객사 증가 시 고객사(모회사)와 공정거래법상 문제 소지를 최소화하고 합리적인 업무대행(용역) 수수료를 산정하기 위해 운영원칙이 필요합니다.

- (공정거래법상 부당내부거래 예시) : 부당한 인력지원

부당하게 특수 관계인 또는 다른 회사에 대하여 인력을 현저히 낮거나 높은 대가로 제공하거나 현저한 규모로 제공하여 과다한 경제상 이익을 제공함으로써 특수 관계인 또는 다른 회사를 지원하는 행위가 해당됩니다.

해당 내용은 업무지원을 위해 인력을 제공한 후 인건비를 계열회사가 부담한 경우, 인력 파견 계약을 체결하고 인력을 제공하면서 퇴직 충당금 등 인건비의 전부 또는 일부를 미회수한 행위, 업무대

행(용역) 수수료에 대해 모회사(고객사)에서 계열사 또는 자회사 부담 수수료 중 일부 금액 등을 부담하는 행위 등이 해당됩니다.

급여 & 복리후생 업무대행(용역) 수수료 정산 시 공정거래법을 준수하기 위해서는 아웃소싱 신규 법인의 공통비용인 경영자에 대한 인건비, 출범 첫해 인프라 구축비용, 배당금, 법인세, 세무 수수료, 임차료 등 신규 법인 출범 첫해 고객사(모회사)에서 전액 수수료로 부담하던 것을 업무대행 고객사 증가 시 고객사별 배분하여 공정거래법상 문제가 발생하지 않도록 해야 합니다.

그리고 계열 회사와 매년 재계약 시점은 가능한 모회사(고객사)와 체결한 계약 일자와 동일하게 계열 회사도 운영하여 동등 인력규모에 동등 수준 업무대행(용역) 수수료 적용으로 재계약 협상에 효율을 높일 수 있도록 함이 좋습니다.

즉 고객사와 급여 & 복리후생 업무대행 위탁 계약서 신규 작성 시 계약기간 조항에 매년 재계약 시점을 아래와 같이 조항을 추가하여 운영함이 좋을 것입니다.

□ 급여 & 복리후생 업무대행 수수료 계약서 내 계약기간 적용 예시.

- 모회사(고객사)와 4월 1일자 재계약인데 A 회사와 10월 1일부터 신규 업무대행을 시작할 경우.
- 본 계약기간은 20XX년 10월 1일부터 20XX년 3월 말일까지 6개월로 한다.

이는 ○○그룹 업무대행 재계약이 매년 4월에 체결되는 점을 반영하여 재계약 시점 同 기간 운영으로 업무대행(용역) 수수료 산정의 효율을 기하기 위함임을 준용하여 20XX. 4. 1일자로 재계약을 추진한다.

25

급여 & 복리후생 업무 아웃소싱 추진 시
위탁대행 수수료 청구는 어떤 방식으로 실시합니까?

급여 & 복리후생 업무대행 수수료 청구는 보통 13회로 청구합니다. 매월 12회 + 연말정산 1회 = 총 13회로 청구합니다.

수수료를 13회 청구하는 사유는 모든 근로자는 매년 12월 31일 기준 연 1회 연말정산을 실시하여 익년도 3월 10일 원천세 신고 시 추가 납부 또는 환급을 실시하기에 업무량이 많습니다. 그래서 매월 급여 지급 시와 동일 수준의 업무로 보고 연말정산 수수료를 청구합니다.

급여 & 복리후생 업무를 대행하는 모든 아웃소싱 회사는 일반적으로 13회 청구를 기본으로 하며 연말정산만 별도 아웃소싱을 추진하여 업무처리를 하는 회사도 있습니다.

상기와 같이 아웃소싱 업무대행 수수료를 13회 청구 시 시장에서 자생한 아웃소싱 업체는 1인당 단가제(변동비제)를 선택하고 있기에 연말정산 업무대행 수수료는 '연말정산 실시 인원 X 1인당 단가 = 연말정산 업무대행 수수료'로 적용을 합니다.

단, 업무대행 수수료를 고정급제(월 정액제)로 계약을 체결한 고객사는 고정된 월 정액으로 연말정산 수수료를 지급하는 것으로 업무대행 수수료 계약을 체결하고 정산 및 지급하면 됩니다.

마지막으로 업무대행 수수료 정산 및 청구 시 실비 정산은 고객사에서 아웃소싱 회사의 경영간섭으로 해석될 소지가 있기에 적용하지 않도록 유의하며, 고객사 또한 계약서에 체결된 수수료 외에는 별도 지급하지 않는 것으로 계약을 체결합니다.

26

내부 분사 아웃소싱 신규 법인이 출범 2년 차부터 모회사(고객사)와 위탁대행 수수료 재계약 시 수수료 산정은 어떤 방식으로 추진합니까?

내부 분사 아웃소싱 신규 법인의 급여 & 복리후생 업무대행(용역) 수수료 산정 및 정산 방법은 매월 고정비제(월 정액제), 변동비제(1인 당 단가제), 고정비와 변동비 병행제 등 3가지 방법이 있습니다.

급여 & 복리후생 업무대행 수수료는 고객사(모회사)의 업무대행 인력 규모 기준 통상적인 아웃소싱 업무대행을 위한 실무자 공수 기준 1인 실무자가 급여/퇴직금 정산, 사회보험 관리, 연말정산, 복리후생 업무 등을 수행하는 것을 원칙으로 업무대행 수수료를 산정합니다.

□ 급여 & 복리후생 업무대행 시 고객사 인력 규모별 1인 실무자 공수 기준

급여 인원	100명 미만	300명 미만	500명 이상	1,500명 이상	2,000명 이상
실무자 공수	0.25명	0.5명	1.0명	1.5명	2.0명

```
• • • • • • • • • • • • • • • • • • • • • • • • • • • • • • • • • • • • • • • • • •
```
〈용어 설명〉

- 공수(工數) : 일정한 작업에 필요한 인원수를 노동시간 또는 노동 일수로 나타
  낸 수치로 이를 토대로 표준 노무비를 산출하여 원가관리의 반영 자료로 이용
  합니다.
```
• • • • • • • • • • • • • • • • • • • • • • • • • • • • • • • • • • • • • • • • • •
```

첫째, 고정비제(월 정액제) 수수료 산정 및 정산 방식입니다.

고정비제(월 정액제) 산정 방식은 계약서에 명기된 매월 고정 금
액 수수료를 고객사 인력의 증감과 관계없이 매월 정산하는 방식으
로, 수수료 금액 산정은 업무대행을 위해 투입된 실무자의 업무 수
행 공수와 총 투입 인원(실무 수행 인원)을 기준으로 합니다.

매월 급여 & 복리후생 업무대행 아웃소싱 수수료 예시입니다.

고객사의 급여 정산 대상 인원이 평균 500명 이상이면 1명의 공
수가 모두 적용되기에 실무자 수수료 100%로 아웃소싱 수수료 계
약을 체결하고, 연간 총수수료를 13개월로 나누어 매월 청구하며,
연말정산 수수료는 2월에 청구합니다.

그런데 공수가 1명 미만인 고객사의 경우 1명 업무대행 수수료
총액 기준으로 평균 300명 수준이면 50%, 평균 100명 미만이면
25% 수준으로 업무대행 수수료를 반영하는 것입니다.

둘째, 변동비제인 1인당 단가제 정산 방식입니다.

변동비제인 1인당 단가제 산정 및 정산 방식은 고객사 인력 규모별 1인당 단가를 산정하고 매월 급여 지급 정산 인원을 곱하여 수수료를 책정하는 방식으로, 인력 규모에 따라 매월 수수료가 변동되는 것입니다.

- 변동비제인 1인당 단가제 수수료 정산: 고객사 급여 정산 인원 X 1인당 단가 = 업무대행 수수료

변동비제인 1인당 단가제 계약의 특징입니다.

하나, 고객사의 급여 & 복리후생 업무대행을 위하여 투입된 실무자 수를 기준하되, 고객사의 인력 규모가 증가할수록 단가가 하향되는 특징이 있습니다. 즉 인원 증가분이 단가 인상 부담분을 흡수합니다.

둘, 고객사(모회사) 전체 또는 사업 부문별로 합병, 매각, 분사 등 고객사의 경영 환경에 따라 인력 증감이 발생 시 업무대행(용역) 수수료와 연동하여 변동비 형태로 운영할 수 있는 장점이 있습니다.

- 고객사에서 공정 자동화 또는 업무 효율 개선을 통한 인력 감소와 M&A를 통한 부진 사업 부문 매각 등이 발생 시 변동비제를 적용하고 있을 경우 업무대행(용역) 수수료와 연계되어 수수료

부담금액이 줄어들어 고객사의 경영에 도움을 줄 수 있습니다.

급여 & 복리후생 업무대행 수수료 산정 및 정산 방식은 시장에서 통용되고 있는 변동비제인 1인당 단가제 방식으로 운영함이 고객사와 아웃소싱 회사 모두 가장 효율적입니다.

왜냐하면 동등 인력 규모에 대하여 시장의 아웃소싱 업체 간 수수료 단가 경쟁력을 비교할 수 있고, 사업 운영과 연계하여 비용 활용이 가능하기 때문입니다.

셋째, 인력 규모에 따른 고정비제와 1인당 단가제 병행제 정산 방식입니다.

고정비제와 1인당 단가제 병행제 산정 방식은 고객사의 급여 정산 인력 규모를 고려 50명 미만은 고정비제(월 정액제)를 적용하고 50명 이상 시 변동비제인 1인당 단가제를 적용하는 방식입니다.

인력 규모별 고정비제(월 정액제)와 변동비제(1인당 단가제)를 병행할 경우 고객사와 아웃소싱 회사 모두 선택의 폭의 넓어져 가장 합리적일 것입니다.

왜냐하면 50명 미만인 회사도 5,000명인 고객사와 동일하게 인사제도에 의해 매월 급여 정산 및 지급, 연중 상여금 지급, 퇴직금 정산 및 지급, 4대 사회보험 자격 취득 및 상실, 사회보험료 정산 및 납부, 연말정산 등 업무를 동일하게 실시하는데 변동비제인 1인당 단가제를 적용하면 고정급제 적용 시 비교 상대적으로 높은 수수료가 발생하기 때문입니다.

만약 50명 미만 회사에서 급여 & 복리후생 업무를 아웃소싱 추진 시 업무대행 수수료 정산 및 지급을 고정비제가 아닌 변동비제(1인당 단가제)로 실시할 경우 아웃소싱 시장의 고단가에 의해 상대적으로 비용부담이 커질 수 있습니다.

〈용어 설명〉

- 고정비: 매출액이나 생산량의 증감 변화에 관계없이 일정하게 고정적으로 발생하는 비용입니다. 고정비 종류는 일반적으로 종업원 급여, 퇴직 급여, 복리후생비, 감가상각비, 고정자산의 보험료, 부동산 임차료, 차입금의 지급이자, 재산세와 종합토지세 등이 해당됩니다.

- 변동비: 매출액이나 생산량의 증감 변화에 따라 비례해서 변동되는 비용입니다. 변동비 종류는 일반적으로 판매수수료, 재료비, 외주가공비, 포장비 등이 해당됩니다.

기업의 인사부서 업무 중
급여 & 복리후생 업무 아웃소싱 실무지침서

급여 & 복리후생 업무 아웃소싱 계약기간 중 신규 업무 추가 시 위탁대행 수수료 재산정은 어떻게 추진합니까?

급여 & 복리후생 업무대행 계약기간 중 신규업무가 추가 시 업무대행(용역) 수수료 재산정은 기존 실무자가 수행할 수 있을 경우와 실무 인력을 추가로 투입해야 할 경우로 2원화하여 추진합니다.

첫째, 업무대행 계약기간 중 신규 추가 업무를 기존 실무자가 수행할 수 있을 경우입니다.

이 경우에는 업무대행(용역) 수수료를 추가하지 않고, 기존 계약 업무 외에 추가 신규 업무 수행으로 고객사(모회사)에게 아웃소싱 비용 효과 등을 제공하는 것입니다.

즉 아웃소싱 회사는 실무자의 역량 향상과 업무 프로세스 개선 등으로 아웃소싱 업무의 실효성을 강화하고, 고객사(모회사)는 업무에 선택과 집중을 도모하여 경쟁력을 강화하는 아웃소싱 추진 효과를 높이는 것입니다.

둘째, 계약기간 중이라도 신규 추가 업무의 업무대행 수수료를 증액하는 경우입니다.

신규 추가 업무 증가로 실무 인력을 추가로 투입할 경우에는 계약기간 중이라도 고객사(모회사)와 아웃소싱 법인이 상호 협의를 통해 업무대행(용역) 수수료를 증액하고 정산을 실시합니다.

계약기간 중 신규 추가 업무 대행 결과 증액 수수료 반영 및 정산 시점은 실제 신규 추가 업무를 수행하는 시점 월부터 진행하는 것이 좋습니다.

왜냐하면 아웃소싱 회사에서는 고객사의 신규 추가 업무 대행을 위해 실무자를 추가 투입하였기에 추가 투입된 실무자의 실질 총비용 지출이 증가하였고, 이를 고객사에서 정상 부담하지 않을 경우 아웃소싱 회사의 비용 증가로 경영에 압박을 받기 때문입니다.

그런데 고객사(모회사)에서는 신규 추가 업무 증가에 따른 실무자 추가 투입 시 수수료를 계약기간 중 반영하지 않고 익년도 재계약 시부터 반영하려고 하는데 이는 아웃소싱 회사에게 아주 좋지 않습니다.

사유는 익년도 재계약 시점에서 전년도 계약기간 중 신규 추가한 업무가 안정화되어 만족도 높은 서비스가 제공되고 있으면 고객사(모회사)는 추가 비용을 부담하지 않고 기존 수수료 범위 내에서 재계약하려는 경향이 강하기 때문입니다.

또한 익년도 재계약 시점에 고객사의 담당자 또는 의사 결정권자 등이 변경될 경우 신규 담당자 또는 의사 결정권자는 전임 담당자 또는 의사 결정권자가 협의 완료한 아웃소싱 비용 증액분 반영을 아웃소싱 비용 증가로 인식하여 적용하지 않으려고 할 수 있기 때문입니다.

그리고 만약 익년도 재계약 시점에서 고객사의 경영에 큰 어려움이 발생하면 고객사 인사부서와 아웃소싱 회사 모두 전년도 증액분은 금년도 재계약 시부터 반영할 수 없는 난감한 경우가 발생할 수 있기 때문입니다.

그래서 계약기간 중에 신규 추가 업무 발생으로 실무자를 추가할 경우 그 시점에서 수수료 증가를 계약서에 반영하고 청구해야 하며, 계약기간은 당초 계약 기준으로 운영함이 효율적일 것입니다.

28

내부 분사 아웃소싱 법인의 인사 시스템 프로그램은
어떻게 운영하는 것이 좋습니까?

모회사(고객사)의 급여 & 복리후생 업무를 대행하기 위한 내부 분사 아웃소싱 법인의 구성원을 위한 인사 시스템은 모회사(고객사)의 인사 시스템이 아닌 아웃소싱 회사 자체 인사 시스템 또는 외부 시장에서 선호도가 가장 높은 패키지 인사 시스템을 임대하여 사용하는 것이 좋습니다.

내부 분사 아웃소싱 법인의 인사 시스템을 자체 인사 시스템 또는 외부 시장에서 선호도가 가장 높은 인사 시스템을 사용 시 강점입니다.

첫째, 내부 분사 아웃소싱 회사가 자체 인사 시스템 또는 외부 시장에서 선호도 높은 인사 시스템을 임대하여 사용함으로써 모회사(고객사)와 경영이 완전히 분리되었다는 메시지를 모회사(고객사) 인사부서와 아웃소싱 회사 구성원에게 줄 수 있습니다.

즉 내부 분사 아웃소싱 법인의 전체 구성원에 대한 인사권은 아웃소싱 회사 경영자에게 있다는 실증적 상황으로 공정거래법상 계열사 일감 몰아주기 등 오해나 리스크 등을 사전에 방지할 수 있습니다.

둘째, 아웃소싱 회사 구성원에게 모회사(고객사)와 인사제도가 완전 분리하여 아웃소싱 회사 자체 인사제도로 운용되고 있다는 현황을 제대로 인식하도록 함으로써 모회사(고객사)의 높은 인사 처우 및 보상 제도와 비교 방지로 아웃소싱 업무에 대한 몰입도를 더 높일 수 있습니다.

내부 분사 아웃소싱 법인의 출범 초기 구성원은 모회사(고객사)를 퇴직하고 아웃소싱 회사로 전환한 실무자이기에 아웃소싱 회사 인사제도와 보상 처우 그리고 인사와 회계 시스템 등은 모회사(고객사)와 완전 분리하여 비교 심리를 방지할 수 있도록 함이 좋을 것입니다.

셋째, 모회사(고객사) 인사 시스템을 사용 시 고직급의 공통비 포함으로 사용료가 고가임에 반하여 외부 시장의 선호도 높은 전문화된 인사 시스템을 임대 사용 시 상대적 저렴한 임차료 지급으로 아웃소싱 회사의 지급 수수료 비용을 절감할 수 있습니다.

또한 외부 시장의 선호도가 높은 전문화된 인사 시스템은 보안에 안정성이 높고, 법적 사항(노동법, 소득세법, 사회보험법 등)의 변경 또는 신설 시 즉시 업로드 지원이 가능하며, 많은 중소 & 중견기업과 소기업들이 사용하고 있기에 인사 시스템 임대 회사가 도산 & 폐업 등으로 인사 시스템 임대 서비스를 중단할 리스크가 적기 때문입니다.

29

내부 분사 아웃소싱 법인의 회계 실무자와 회계 전산 시스템은 어떻게 운영하는 것이 좋습니까?

급여 & 복리후생 업무대행 아웃소싱 회사의 사업 운영 시 회계 시스템은 인사 시스템과 동일하게 외부 시장에서 선호도 높은 회계 시스템을 임대하여 사용하는 것이 원활한 업무추진 및 비용 절감을 위하여 유익합니다.

즉, 내부 분사 아웃소싱 법인의 연간 매출 규모 100억 원 또는 상시 인력 100명 수준까지는 자체 인사 & 회계 시스템을 구축하여 운영하는 비용보다 외부 전문 시스템을 임대 또는 ASP(용어설명 참조)로 활용하는 것이 경영 활용에 훨씬 더 효율성을 높이고 효과적입니다.

내부 분사 아웃소싱 법인의 회계업무 특성상 회계 및 세무 관련 업무는 아웃소싱 법인의 사업 규모를 고려하여 자체 수행 또는 외부 전문 세무사에게 업무를 위탁함이 좋습니다.

즉, 매출 규모 50억 원 이내는 외부 전문 세무사에게 업무를 위탁하여 법적 리스크를 해소하는 것이 좋으며, 매출 규모가 50억 원 초과 시 자체적으로 회계 담당 간부와 직원을 운용하고자 할 경우 최소 간부와 직원이 매일 수행할 직무량이 확보되어야 하고, 무엇보다 2명의 인건비 등 총비용을 부담할 수 있는 매출액과 이익이 확보되어야 합니다. 그렇지 않을 경우 외부 전문 세무사에게 업무를 위탁함이 좋습니다.

일반적으로 세무 법인에서 지원하는 업무는 장부 작성 및 관련 증빙 보관, 부가세 및 소득세 신고관리, 법인세 신고 및 관리, 재무제표 작성 및 절세방안 운용, 기타 세무 관련 컨설팅 등 외부 전문 세무 법인을 통해 세무 기장과 세무 관련 서비스 등을 제공하고 있으며 비용도 직접 회계 전문가를 채용하는 것보다 절감할 수 있습니다.

급여 & 복리후생 아웃소싱 회사의 대부분 업무는 일반적으로 정관에 의거 시 다양화되지 않고 주 업무 위주로 진행하기에 회계 및 세무업무 추진을 위하여 높은 인건비를 지급하는 회계실무 전문가 채용과 운용이 아닌 일반 회계 담당자가 실무를 처리하고 세무 관련 전문 업무는 세무 법인에 위탁하여 처리함이 효과적일 것입니다.

만약 회계실무 전문가를 직접 채용하여 업무를 처리하는 과정에서 회계실무 전문가가 퇴직 시 업무 공백으로 인한 업무 차질이 발생할 수 있으며, 그렇다고 회계실무 전문가를 복수로 운용하는 것은 비용상 회사 경영에 큰 부담이 될 것입니다.

통상적으로 내부 분사 아웃소싱 법인의 구성원이 100명 이하이면 1명이 급여와 회계업무를 전담 추진하면 될 것이며, 세무 관련 전문 업무는 세무 법인을 통해 위탁 처리함이 인력과 비용 운용에 유익할 것입니다.

내부 분사 아웃소싱 법인에 속하는 구성원의 급여 정산 지급과 회계업무 처리는 1명의 실무자가 통합 수행함이 업무 효율 제고에 좋을 것입니다.

내부 분사 아웃소싱 법인의 급여 및 회계 담당자의 업무는 일일 시재 관리 및 전표처리, 업무대행(용역) 수수료 고객사 청구 및 정산 관리, 매월 원천세 신고 및 분기별 부가가치세 신고, 매월 급여 지급 등 인건비 및 사회 보험 관리, 전문 세무사 위탁업무 창구 및 관리 등 실시입니다.

내부 분사 아웃소싱 법인에서 전문 세무 법인에 회계와 세무업무 위탁 시 강점은 법적 장부기장, 법인세 신고, 세무 조정 등에 대해 세무사의 전문 서비스와 컨설팅 등을 받을 수 있고 세무 관련 신고 자료 법적 사항 준수로 신뢰도를 높일 수 있음 등을 고려 시 회사의 안정적 성장에도 효과적일 것입니다.

<〈용어 설명〉>

〈용어 설명〉

- ASP (Application Service Provider)

  네트워크를 통해 기업의 핵심 **Business Application**을 제공하고, 전문 기술인력이
  고객을 대신하여 이를 구축, 관리해주는 새로운 개념의 **IT** 서비스입니다. 다시
  말해 기업이나 개인이 소프트웨어를 자체적으로 구입하지 않고 네트워크를 통해
  호스팅 서비스 업체의 서버를 이용해 원하는 프로그램을 적정한 사용료를 지불하
  고 사용하는 소프트웨어 임대 사업입니다.

30

급여 & 복리후생 업무를 내부 분사 아웃소싱 추진 시 모회사(고객사)에서 아웃소싱 회사로 신분 전환한 실무자가 조기 적응하고 경쟁력을 높일 수 있도록 하기 위한 방법은 무엇입니까?

기업의 인사부서 내 급여 실무자는 대내외 경영 환경 변화와 인사부서의 핵심 업무 집중화를 위해 현재 수행 중인 급여 & 복리후생 업무를 아웃소싱 추진 시 목적과 배경 등에 대해 공감하며, 자신의 위치에 대해서도 변화가 있을 것임을 알고 있을 것입니다.

즉 급여 & 복리후생 직무를 아웃소싱 추진 시 급여 실무자가 모회사(고객사)에 잔류하면 다른 직무로 전환할 가능성이 높기에 본인이 수행하고 있는 급여 & 복리후생 직무를 지속 수행하기 위하여 아웃소싱 회사로 전환을 도모합니다.

내부 분사 아웃소싱 회사로 신분을 전환한 실무자들은 모회사(고객사) 재직 시와 비교 시 보상 처우, 근무환경 등이 상대적으로 낮기에 갈등을 유발할 수 있습니다.

내부 분사 아웃소싱 법인의 경영자는 모회사(고객사)에서 신분 전환한 실무자가 조기 적응으로 아웃소싱 목적을 달성할 수 있도록 회사 경영방침과 운영전략 등에 대해 상세히 설명하고 공감대를 형성하는 것이 대단히 중요합니다.

이를 위하여 아웃소싱 신규 법인의 경영진은 아웃소싱 목적을 효과적으로 달성하기 위하여 구성원에 대한 인사 보상 처우, 복리후생 제도 운용, 인력 운용 방침, 직무 전문성 강화를 위한 자기계발 지원, 회사 경영방침과 성장 비전 등에 관하여 공유하고 실무자들이 조기 안정화를 도모하도록 다음 사항을 중점 추진해야 합니다.

첫째, 아웃소싱 회사 구성원에 대한 인사 보상 처우 및 복리후생 제도 운용입니다.

모회사(고객사) 퇴직 후 아웃소싱 신규 법인으로 신분 전환한 실무자의 보상(연봉) 처우는 최소 2-3년 정도는 모회사(고객사) 재직 시와 동일 수준의 임금(연봉) 인상률 적용으로 실무자들의 회사에 대한 신뢰도와 충성도를 높여 아웃소싱 업무의 조기 안정화를 적극 추진하도록 합니다.

이를 위하여 내부 분사 아웃소싱 신규 법인 경영진은 조기 조직 안정화와 성장을 위한 자생력을 구축할 수 있도록 내부 분사 아웃소싱 법인 출범 시 초기 2-3년간 수수료 재계약은 최소한 보상(연봉) 처우에 한하여 모회사(고객사)와 동일 수준은 아니더라도 동등 수준의 처우를 보장받을 수 있도록 협의 후 반영함이 중요합니다.

PART 3
기업 인사부서 업무 중 급여 & 복리후생 업무를 내부 분사 아웃소싱 추진 시
성공적인 운영을 위한 필요사항은 무엇입니까?

203

왜냐하면 내부 분사 아웃소싱 신규 법인 출범 후 2-3년간은 모회사(고객사)의 지원을 받아 회사 기반을 다지고 성장을 준비하는 기간으로 회사 출범 첫해부터 적정 수익을 창출할 수 없기 때문입니다.

그리고 모회사(고객사)의 보상(연봉) 처우 동등 수준 지원 기간(2-3년)이 종료되면 내부 분사 아웃소싱 법인 스스로 홀로서기를 해야 합니다.

모회사(고객사)와 아웃소싱 신규 법인 구성원에 대한 2-3년간 동등 수준의 보상(연봉) 처우 인상을 협의한 경우 반드시 계약서 등에 문서화하여 추후 갈등의 소지가 없도록 함이 상호 업무추진을 위하여 필히 실천해야 할 사항입니다.

둘째, 아웃소싱 신규 법인의 인력 운용 방침입니다.

내부 분사 아웃소싱 신규 법인은 법인 출범 시 모회사(고객사)에서 전환한 인력과 신규 채용한 인력이 근무 시 실무자의 역량에 준한 직무 배치로 인력 운용이 추진되어야 구성원 간 갈등을 방지하고 협업을 통해 고객사에 높은 수준의 업무대행 서비스를 제공할 수 있습니다.

만약 실무자 역량 중심의 직무 배치가 아닌 모회사(고객사)에서 전환한 실무자 중심으로 직무를 배치하고 신규채용 인력을 하위 직무에 배치할 경우 조직 내 파벌이 발생하고 신규채용 인력 중 퇴직자가 증가하여 회사 경영과 인력 운용에 부담이 가중될 수 있습니다.

그렇기에 내부 분사 아웃소싱 회사 출범 초기 직무 특성을 반영한 실무자 역량 중심의 직무 배치는 필히 실시하여야 합니다.

그리고 내부 분사 아웃소싱 신규 법인은 모회사(고객사)의 그룹 계열사 급여 & 복리후생 업무를 대행하기 위한 목적으로 출범하였기에 그룹 계열사에서 업무를 아웃소싱 추진 시 현재 급여 실무자 중 고직급 또는 부진인력을 아웃소싱 회사로 전환하려는 경향이 있을 수 있습니다.

이럴 경우 내부 분사 아웃소싱 신규 법인은 현재 인력 구조, 실무자 역량, 총운영비용 등을 고려하여 가능한 고직급 및 부진인력 등은 전환 대상자로 받지 않도록 해야 합니다.

왜냐하면 고직급 인력은 아웃소싱 회사의 인력 구조 고직급화 및 비용 가중으로 경영에 부담이 되고 고객사 인사부서 실무담당자 입장에서 업무 협의와 협조 등에 부담이 될 수 있기 때문입니다.

또한 부진인력은 아웃소싱 법인의 인력 구조 특성상 소수 정예화로 서비스를 제공해야 경쟁력을 강화할 수 있는데 역량 부족으로 기존 구성원(실무자)과 팀워크 등에 문제가 발생 시 조직관리에 부담이 되고 결과적으로 고객사 업무대행 서비스 품질이 낮아질 수 있기 때문입니다.

PART 3
기업 인사부서 업무 중 급여 & 복리후생 업무를 내부 분사 아웃소싱 추진 시
성공적인 운영을 위한 필요사항은 무엇입니까?

205

셋째, 내부 분사 아웃소싱 법인 실무자의 직무 전문성 강화를 위한 자기계발 지원입니다.

급여 & 복리후생 직무는 기업이 존속하는 한 소속 구성원에게 근로에 대한 대가인 임금을 지급하고, 국민의 건강과 소득을 보장하는 4대 사회보험 관리를 지원하고, 소득이 있는 곳에 소득세를 원천징수 및 신고하는 직무 등을 수행하기에 실무자에게는 직무의 안전성을 제공합니다.

이러한 급여 & 복리후생 직무 특성을 실무자에게 공유하고 실무자가 자기계발을 통한 경쟁력 강화로 회사 성장에 기여할 수 있도록 아웃소싱 법인의 경영진은 직무 전문성을 강화해야 합니다.

이를 위해서는 급여 & 복리후생 실무자가 갖추어야 할 직무수행 필요 역량, 직무수행 연수별 필요 교육 이수 등을 설정하고 자기계발을 지원해야 합니다.

☐ 급여 & 복리후생 실무자 역량 강화 도모를 위한 직무수행 연수별 교육/평가 반영 프로그램

직무수행 필요 역량	직무수행 경험 현황	직무수행 연수별 교육 이수		개인별 필수 이수 (연말 평가 반영)
		공통	필수 이수 교육	
연봉 조정 실무진행 인사제도 개선 시행 소 사원 업무지원 사업확대 제안(P/T) 추진	10년 이상	서 비 스 교 육 / 소 득 세 법 교 육	15) HRM 운영 14) 연봉제 설계 구축 실무	9)-15) 과정 중 2개 과정 이상 교육 이수
Payroll 시스템 설계 종합소득세 신고 인건비 경영계획 수립 유사업무 고객사 지원 신규회사 안정화 작업	5년 이상		13) 연봉 조정 실무 12) HRM 관리 과정 (채용-퇴직 프로세스)	9)-13) 과정 중 2개 과정 이상 교육 이수
Payroll 개선 제안 인건비 실적 분석(증, 감) 소득세 절세방안 제시 해외법인 제 지급금 관리 (소득세법, 사회보험법)	3년 이상		11) 종합소득세법 10) 퇴직연금제도 9) 임금관리 실무	
1개 회사(1000명) 급여 마감 퇴직금 추계액 작업 사회보험 통합 관리 근로기준법 임금 이해	1년 이상		8) 근로기준법 이해 - 임금, 근로시간, 퇴직금 등 이해 7) 주 52시간 운영 실무 6) 사회보험 통합교육 5) 사내근로복지기금 [자격증 취득 회사 지원] - ERP 자격증 취득 - 사회보험 관리사 자격증 취득	5)-11) 과정 중 3개 과정 이상 교육 이수
HR-보상 기본 개념 이해 소득세법 이해 사회보험법 이해 회계 기초 이해 SAP/HR 전산 시스템 운영 OA (엑셀, 워드) 실무 가능	1년 ~ 신입		4) 보상 기본 개념 3) 재무회계 기초과정 2) 더존 등 시스템 운영 1) OA 교육	4) 보상 기본 개념 3) 재무회계 기초 필수 이수

넷째, 회사 경영방침과 성장 비전 등에 관하여 공유해야 합니다.

내부 분사 아웃소싱 신규 법인이 출범하여 업무대행 서비스를 시

PART 3
기업 인사부서 업무 중 급여 & 복리후생 업무를 내부 분사 아웃소싱 추진 시
성공적인 운영을 위한 필요사항은 무엇입니까?

207

작 시 회사 경영진은 구성원에게 회사의 출범 목적, 업무대행 서비스 제공 시 기본 준수 사항, 경영방침, 성장 비전 등을 설명하고 공감대를 형성하여 한 방향으로 나아가야 합니다.

내부 분사 아웃소싱 신규 법인의 대표이사는 경영방침을 수립하는데 회사 출범 목적 기반하에 고객사 인사부서의 성과향상에 기여할 수 있도록 수립하여 구성원과 공유하며, 성장 비전은 구성원들이 성실하게 직무를 수행하며 자기계발을 통한 역량 향상 시 성장할 수 있는 구체적이고 실효적인 CDP를 제시하여야 합니다.

<용어 설명>

- CDP (Career Development Plan, Career Development Program) 경력 개발 제도, 경력 개발 프로그램

    구성원 개인이 직무 관련 성장 목표를 중장기적으로 정하고 성장에 필요한 역량과 경험 등을 직무수행 경험, 인사이동 타 직무 경험, 교육연수 등을 통해 학습하도록 하기 위한 교육 및 배치를 계획하는 프로그램입니다.

그리고 내부 분사 아웃소싱 신규 법인의 경영 결과 매 연말 이익이 발생 시 인센티브(성과급) 지급률에 대해 사전에 공유함으로써 업무 몰입도와 동기부여 등을 제공하고, 실제적으로 연말에 이익 발생 시 인센티브(성과급)를 지급함으로써 회사와 구성원 간 신뢰도를 높일 수 있도록 합니다.

31

내부 분사 아웃소싱 법인에서 신규 고객사 유치를 위하여 HR-보상 전산 시스템 구축과 운영은 어떻게 하는 것이 효율적입니까?

내부 분사 아웃소싱 법인에서 급여 & 복리후생 업무대행을 위한 전산 시스템 사용은 3가지 방법(고객사 급여시스템 사용, 아웃소싱 회사 급여시스템 사용, 외부 급여시스템 임대 사용)을 활용할 수 있는데 3가지 방법 모두 특징이 있습니다.

그리고 아웃소싱 회사에서 급여 전산 시스템을 선택/활용 시 가장 중요하게 검토해야 할 사항은 고객사 임직원의 급여 자료 등 개인정보 보안을 준수하고, 아웃소싱 회사에서 작업한 급여 정산 및 지급 결과 자료를 고객사에서 실시간 조회할 수 있도록 하며, 최종 급여 지급 결과가 회계 시스템과 연동되어 결산에 반영될 수 있도록 하여야 합니다.

그리고 이러한 제반 작업과정에 수작업을 극소화하여 업무 대상 서비스의 효율성을 높이도록 추진해야 합니다.

PART 3
기업 인사부서 업무 중 급여 & 복리후생 업무를 내부 분사 아웃소싱 추진 시
성공적인 운영을 위한 필요사항은 무엇입니까?

209

즉, 급여 & 복리후생 업무를 아웃소싱 이후 고객사 인사부서의 업무 처리와 의사결정 프로세스가 대폭 줄어야 하는데 증가하면 안 된다는 것입니다, 이는 아웃소싱으로 업무 비효율이 발생하고 있기 때문입니다.

□ 아웃소싱 회사 급여 & 복리후생 업무대행 시 전산 시스템 운영 3가지 형태별 특징

업무대행 시스템	특징(강점)	고려 사항(보완점)
고객사 급여시스템 (예: 자체 시스템)	- 고객사에서 HR-전산 시스템 직접 운영으로 인사 보상 제도와 실시간 업로드 가능 - 회계 시스템과 실시간 연동으로 업무 효율성 높음 - 아웃소싱 회사 별도 전산 시스템 구축 및 운영인력 비용 발생하지 않음 - 고객사 인사부서 관련 자료 실시간 조회 가능	- 아웃소싱 회사에서 외부 회사 영업 시 전산 시스템 미보유로 사업 확대 애로 발생
아웃소싱 회사 급여시스템 (예: 이수 시스템)	- 고객사 전산 시스템 구축/운영 비용 절감 및 전산 운영인력 부담 해소 - 아웃소싱 회사에서 전산 시스템 직접 운영으로 적기 리뉴얼 가능 - 아웃소싱 회사 사업 확대를 위한 고객사 제안 시 전산 시스템 인프라 서비스 제공 가능 - 소득세법, 사회보험법 등 변경 시 실시간 적용 가능	- 고객사 임직원 급여 명세표 등 제공을 위한 상호 전산 시스템 연계를 위한 프로세스와 비용 발생 - 고객사 회계 시스템 연동으로 자료 공유(제공) 추가 비용 발생 - 아웃소싱 회사 전산 시스템 운영 비용(서버, 전산 비품 등)과 운영인력 직접 비용 증가 - 전산 시스템과 자료 등 보안 유지 비용 발생 증가
외부 회사 급여시스템 임대 (예: 더존 패키지)	- 전산 시스템 임대에 따른 비용 절감 효과 가능 - 소득세법, 사회보험법 등 변경 시 실시간 적용 가능	- 임직원 개인 정보 보안 어려움 - 각 회사별 인사제도 특징을 반영한 조회 기능 및 인사 통계자료 추출 어려움

내부 분사 아웃소싱 법인에서 업무대행하기 위한 사무실은 어디에 위치함이 효과적입니까?

급여 & 복리후생 아웃소싱 업무는 법적으로 근로자 파견 직무에 해당되지 않기에 고객사 인사부서 사무실에 파견하여 근무하면 법적 사항을 위반하게 됩니다.

또한 급여 & 복리후생 아웃소싱 업무 실무자에 대한 인사 및 업무지휘권 등은 아웃소싱 회사에 있기에 고객사 인사부서 사무실에서 근무하며 고객사의 업무 지시 또는 요구를 받아 업무를 수행할 경우 위장도급에 해당되어 법적 사항을 위반할 수 있음에 유의하여야 합니다.

내부 분사 아웃소싱 신규 법인의 회사 사무실 위치는 모회사(고객사) 빌딩 내에 위치할 수 있으면 좋습니다.

왜냐하면 급여 & 복리후생 업무대행은 고객사 구성원의 민감한 개인 정보와 인사정보 등을 다루기에 사무실 내 보안을 위해 출입구에 CCTV 구축과 가동, 빌딩 내 보안인력 운용, 전산 시스템 인터넷

PART 3
기업 인사부서 업무 중 급여 & 복리후생 업무를 내부 분사 아웃소싱 추진 시
성공적인 운영을 위한 필요사항은 무엇입니까?

211

망 보안 구축과 운영 등을 필수적으로 구비해야 합니다.

 내부 분사 아웃소싱 신규 법인은 모회사(고객사)의 급여 & 복리
후생 업무를 위탁대행 수행하기에 사무실 내에 보관하는 서류(자료)
의 보안과 고객사 구성원의 급여 등 인사정보에 대해 전산 시스템
을 운영하기에 보안이 필수적으로 확보되어야 합니다.

 보안 관련 온라인 및 오프라인 인프라는 모회사(고객사) 빌딩이
모두 갖추고 있을 것임에 내부 분사 아웃소싱 회사의 사무실은 모회
사(고객사) 빌딩 내에 상주함이 최적이라 할 것입니다.

 물론 모회사(고객사) 빌딩에 상주함에 따라 사무실 임대료(임차
수수료) 증가는 부담될 수 있지만 별도 보안 인력 및 보안 시스템
운영에 따른 추가 비용 부담보다 비용이 절감될 것입니다.

 또한 아웃소싱 업무의 신속한 의사결정을 모회사(고객사)와 추진
할 수 있는 강점도 있기에 모회사(고객사) 빌딩 내에 아웃소싱 회사
의 사무실이 위치함이 좋을 것입니다.

기업의 인사부서 업무 중 급여 & 복리후생 업무를
내부 분사 아웃소싱 추진 시 아웃소싱 회사와 모회사(고객사)
상호 간 발생할 수 있는 이견/갈등과 해결방안은 어떻게 됩니까?

대기업 인사부서에서 급여 & 복리후생 업무를 내부 분사 아웃소 싱 추진 후 운영 과정에 발생할 수 있는 갈등에 대해 모회사(고객사) 와 아웃소싱 회사가 최초 업무대행 시작 시 명확하게 기준을 설정하 고 문서화하여 향후 예상되는 문제를 사전에 방지함으로써 상호 발 전할 수 있도록 하여야 합니다.

대기업 인사부서의 급여 & 복리후생 업무를 내부 분사 아웃소싱 추진 시 반드시 발생하는 3가지 갈등 내용입니다.

사업적인 측면에서 아웃소싱 법인이 모회사(고객사) 그룹 계열사 가 아닌 외부 기업으로 업무대행 확장 추진 시 갈등, 아웃소싱 법인 의 이익잉여금 사내유보 및 처분 관련 갈등, 인력 운용 측면에서 아 웃소싱 회사 실무자를 모회사(고객사) 그룹 계열사로 전환 요청 시 갈등입니다.

첫째, 모회사(고객사) 그룹 계열사가 아닌 외부 기업으로 업무대행 확장 추진 관련 갈등입니다.

대기업의 내부 분사 아웃소싱 법인은 모회사(고객사)의 그룹 계열사 급여 & 복리후생 업무대행을 목적으로 출범한 아웃소싱 회사입니다.

즉 모회사(고객사)에 제공하는 급여 & 복리후생 업무대행의 품질 높은 서비스를 그룹 전체 계열사에 확대 제공 시 모회사 수준으로 상향 평준화하여 인사부서 성과향상에 기여함을 목적으로 설립되었습니다.

그렇기에 모회사(고객사) 입장에서는 내부 분사 아웃소싱 법인의 급여 & 복리후생 업무대행 서비스의 경쟁력이 모회사(고객사)의 그룹 계열사의 업무를 대행하는 과정에 체득하였고, 외부 회사 업무대행 시 그룹 관련 정보 등이 유출될 수 있다고 예상되기에 외부 회사로 확대는 지양을 요청할 수 있습니다.

그러나 내부 분사 아웃소싱 법인은 모회사(고객사)의 그룹 계열사 업무대행 서비스가 안정화되면 외부 회사로 업무대행을 확대하여 매출과 이익 등 추가 확보로 구성원의 처우 및 사무환경 개선 등에 활용하고자 합니다.

위와 같은 상호 상반된 갈등이 내부 분사 아웃소싱 법인의 회사 출범 3-4년 차 정도가 되면 발생할 수 있기에 내부 분사 아웃소싱 법인 출범 시 업무대행 회사 범위를 외부 회사까지 확장할 것인지에 대해 명확하게 정리함이 상호 갈등을 예방할 수 있습니다.

둘째, 아웃소싱 법인의 매 결산 시 이익잉여금 사내유보 및 처분 관련 갈등입니다.

내부 분사 아웃소싱 법인은 급여 & 복리후생 업무대행 시 구성원의 역량 향상과 업무대행 프로세스 개선 등 생산성 향상으로 결산 시 이익이 발생하면 이익잉여금을 사내에 유보하여 불확실한 경영환경 리스크에 대비하려고 합니다.

불확실한 경영 환경 리스크는 고객사 축소(M&A 결과 고객사 매각, 흡수합병, 폐업, 재계약 중지 등)에 의한 매출 감소로 새로운 고객사 확보 시까지 실무자 인건비 등 지출 부담, 불특정 시기 실무자 퇴직에 대비한 최소 양성인력 운용 시 비용 부담, 고객사에서 매년 업무대행 수수료 인상 수용이 어려운 점을 고려 구성원의 매년 연봉 인상 시 재원 활용, 사무환경 개선(평균 3년 주기로 PC 교체, 사무실 비품 개선 등)을 위한 비용 준비 등입니다.

그러나 모회사(고객사) 입장에서는 내부 분사 아웃소싱 법인의 이익은 모회사(고객사)의 그룹 계열사 급여 & 복리후생 업무대행 결과로 발생하였기에 이익잉여금으로 사내유보보다 익년도 재계약 시점에서 업무대행 수수료 인상분으로 대체 처분하여 모회사(고객사)

등 그룹 계열사 비용 부담을 줄이려고 할 것입니다.

이처럼 내부 분사 아웃소싱 법인에 이익이 발생 시 이익잉여금에 대해 상호 상반된(사내유보와 처분) 입장으로 갈등이 발생할 것입니다.

그런데 모회사(고객사) 의견 기준 당해 연도 이익을 익년도 업무 대행 수수료 재계약 시 재원으로 활용하여 모회사(고객사)의 그룹 계열사 수수료 인상 부담을 줄일 경우 내부 분사 아웃소싱 법인에서 아래와 같은 비효율적인 상황이 발생할 수 있습니다.

- 내부 분사 아웃소싱 법인의 경영자는 급여 업무 대행 시 생산성 향상으로 고객사의 성과향상에 기여하고 내부적으로 적극 이익을 실현하여 매 결산 시 이익잉여금 사내유보로 미래 경영 리스크를 대비하려고 합니다.

- 그러나 모회사에서 매 결산 시 이익을 사내유보가 아닌 익년도 재계약 시 업무대행 수수료 인상분으로 대체하여 처분하도록 강하게 개진하면 아웃소싱 법인의 경영자는 계약상 甲의 의사를 결국 수용할 것입니다.

- 그리고 내부 분사 아웃소싱 법인의 경영자는 모회사(고객사)의 의사결정에 준하여 매 결산 시 이익이 처분되기에 생산성 향상 실천이 결여되고 당해 연도 이익이 발생되지 않도록 비용을 지출할 것임에 향후 경영 리스크가 현실화되면 모회사(고객사)의 그룹

계열사에도 리스크 해소를 위한 비용 지원이 부담될 것입니다.

- 결과적으로 모회사(고객사)의 그룹 계열사 의사를 준용하여 아웃소싱 법인에서 매 결산 시 이익이 발생 시마다 처분 후 이익잉여금 사내유보가 없는 상태에서 상기 3가지 경영 리스크로 적자가 발생하면 익년도 업무대행 수수료 재계약 시 높은 인상률이 발생할 수 있습니다.

- 또한 모회사(고객사)의 그룹 계열사 중 경영현황이 어려운 회사가 재계약 시 업무대행 수수료 인상을 수용할 수 없을 경우 내부 분사 아웃소싱 법인은 더욱 심각한 경영위기가 발생하고 핵심인력 이탈 등으로 내부 분사 아웃소싱 법인의 출범 목적 달성에 심각한 차질이 있을 수 있습니다.

상기와 같은 현황을 고려 시 내부 분사 아웃소싱 법인의 매 결산 시 이익잉여금 관련 사내유보 또는 처분의 의사결정은 모회사(고객사)가 관여하지 않고 내부 분사 아웃소싱 법인의 경영자 주관과 책임하에 집행됨이 가장 효율을 높일 수 있을 것입니다.

셋째, 아웃소싱 법인의 실무자에 대하여 그룹 계열사로 전환 요청 시 갈등입니다.

아웃소싱 법인에서 급여 & 복리후생 업무대행 시 실무자가 고객사 인사부서에서 좋은 평가를 받아 고객사 인사부서 결원 시 아웃소싱 법인의 실무자를 전환 요청할 경우입니다.

급여 & 복리후생 업무대행 실무자가 업무 관련 전 업무를 모두 수행하려면 1년이 소요되고, 평균 실무수행 2년이 경과되어야 업무대행 시 고객사에 제안을 할 수 있을 정도 실무 역량을 보유하게 됩니다.

즉 아웃소싱 법인에서 급여 & 복리후생 업무대행 실무자를 2년 정도 양성하여야 본격적인 역량 발휘로 회사 성장에 기여할 수 있는데 고객사에서 전환을 요청할 경우 아웃소싱 법인의 조직 및 인력 운용에 어려움이 발생할 수 있습니다.

그럼에도 불구하고 전환 대상자가 고객사로 신분 전환(입사)을 희망할 경우 직무만족도와 동기부여 등을 고려하고, 고객사와 원만한 관계를 유지하기 위하여 전환을 실시함이 아웃소싱 법인으로 최선의 선택일 것입니다.

만약 고객사에서 요청한 실무자를 전환하지 않을 경우 전환 대상자는 아웃소싱 업무 실무수행 시 만족도가 저하되어 팀워크에 안 좋은 영향을 미칠 것이고, 최악의 경우 퇴직한 후 고객사로 재입사할 수 있기 때문입니다.

34

내부 분사 급여 & 복리후생 업무대행 아웃소싱 회사에서 신입사원 채용 시 가장 효과적인 방법은 무엇입니까?

급여 & 복리후생 업무대행 실무자 신입사원 채용은 2가지 방법이 있습니다. 대학 졸업 예정자를 채용하여 회사의 조직문화 등을 처음부터 OJT 등으로 코칭 하며 성장을 지원하는 방법과 졸업 이후 취업 준비생 또는 사회인으로 직장을 경험한 인력 중 취업 지원자를 대상으로 채용하는 2가지 방법이 있습니다.

그런데 2가지 채용 전형 모두 장단점이 있음에 기업의 조직문화와 인재 채용 기준에 의거 채용을 추진하는 것이 좋습니다.

PART 3
기업 인사부서 업무 중 급여 & 복리후생 업무를 내부 분사 아웃소싱 추진 시
성공적인 운영을 위한 필요사항은 무엇입니까?

219

□ 신입사원 채용 시 채용 대상자 유형별 장점 및 단점

	대학 졸업예정자 채용	대학 졸업자 중 취업 준비생 또는 사회 경험자 채용
장점	- 첫 사회생활로 회사 만족도가 높다. - 대학 추천 인력으로 긍정적 자세 보유 - 새로운 환경에 적응하려는 의지 강함 - 멘토/근무환경에 따라 발전성 높음 - 우수 인재를 선 확보 가능 - 첫 사회생활로 성실도 높고, 조직문화 습득이 용이하고 빠르다. - 열정적이고 친밀도가 높다. - 업무 OJT 시 이해력 높고 사회성 좋다. - PPT 작성과 발표 등 OA 능력 높다. - 대학 진학 사유로 퇴직률이 낮다. (고졸/전문대 졸 채용자 대학 진학사유로 근속 2-3년 차 퇴직) - 선배/멘토 지도(코칭)에 수용력 높음 - 회사 보상 수준에 대해 만족도 높고 이직 가능성이 낮다. (소수 인력)	- 조직과 업무 등에 빠르게 적응/유연함 (상사와 관계, 회식 등 포함) - 조직 조기 적응과 실무 이해도 높아 단기간 내 실무수행 투입 가능 - 업무 수행 시 커뮤니케이션 기술 높고 고객사와 좋은 관계를 조기 구축한다. - 취업에 대한 높은 열정과 절박함 결과 채용 이후 업무 수행 의지가 강하다. - 조직 내 사회성과 친화력이 높다 - 스트레스 관련 감정 표현력이 높다 - 사회 경험이 조직 내 실현되어 새로운 관점의 업무 개선력이 높다. - 사회인으로 기본자세 보유로 업무 인수인계와 습득 과정이 용이하다.
단점	- 동기/동문 간 집단 및 문화 형성 - 사회 초년생으로 구성원과 거리감 형성 - 사회 초년생으로 실무 기초부터 지도로 실무자 양성에 장기간 소요(투자) - 근속 2-3년 차 이직으로 구성원 사기 저하 - 업무 미숙련으로 수동적인 업무태도 (업무 오류/실수 시 악영향 민감) - 사회경험 미숙에 따른 회사 기회비용 증가함 - 감정 표현이 서툴러 관계 구축 애로 - 학교 추천 입사 시 실무수행 과정에 본인 의지가 부족함 - 사회성 부족으로 구성원과 갈등 높음 - 입사 후 직무 특성과 개인 성향이 상이로 퇴직률 높음 - 조직에 대한 충성도 낮음	- 처우와 근무환경 등 관련 前 직장 他 회사와 작은 비교로 이직률 높음 - 처우 조건에 따른 이직이 강하다. - 직무수행 언행이 고정화되어 개선이 어렵다. - 前 직장과 現 직장의 다른 조직문화에 적응력 부족으로 반감이 발생한다. - 前 직장 조직문화 등 잦은 언급/비교로 現 직장 구성원과 거리감 및 높은 갈등 - 여성의 경우 입사 후 수년 내 결혼, 출산 등으로 조기 업무 공백 발생함 - 구성원 중 직무경험 높은 후배와 업무 인수인계 및 병행 시 갈등 높음 - 회사 규정에 반한 자기 경험 방식 업무 처리로 회사 내 리스크 발생 높음 - 상대적인 패기와 열정 부족함. - 이직을 해봤기에 또 이직 가능성 높음

상기와 같은 2가지 채용 전형 운영 결과 대학 졸업자 중 취업 준비생 또는 사회 경험자를 채용 시 장기근속 비율이 높고, 조기 실무 투입이 가능하기에 대학 졸업자 중 취업 준비생 또는 사회 경험자를 채용함이 좋을 것으로 판단됩니다.

35

내부 분사 급여 & 복리후생 업무대행 아웃소싱 회사에서 인력 채용 시 우수인력 구인은 어떻게 하는 것이 가장 효과적입니까?

아웃소싱 법인에서 인력 채용 시 모집 공고는 대학교 학과 & 교수 추천, 회사 홈페이지 내 공고, 채용 전문 사이트 공고, 고용노동부 워크넷 공고 등으로 실시할 수 있으며 각 모집공고마다 장점과 단점이 있습니다.

첫째, 대학교 학과 & 교수 추천을 통한 우수인력 구인입니다.

기업에서 최근 채용 모집공고 시 대학교 학과 또는 교수에게 추천을 의뢰하는 것보다 입사 희망 회사 홈페이지 또는 채용 전문 사이트 등을 이용하고 있습니다.

사유는 대학교 학과 & 교수 추천 의뢰는 정보가 제안되어 있지만 입사 희망 회사 홈페이지 또는 채용 전문 사이트는 취업관련 다양한 정보를 습득하고 선택의 폭이 넓기 때문입니다.

PART 3
기업 인사부서 업무 중 급여 & 복리후생 업무를 내부 분사 아웃소싱 추진 시
성공적인 운영을 위한 필요사항은 무엇입니까?

221

그럼에도 불구하고 대학교 교수 추천 모집 방법은 지원자의 개인 성향과 인성을 기준으로 추천 의뢰 회사의 경영정보 등을 기준으로 교수가 직접 지원자와 협의 후 추천하기에 채용확정 시 장기근속 근무할 확률이 높아집니다.

단, 대학교 학과 사무실로 추천 의뢰 시 지원자를 선별하여 응시하는 것이 아닌 학과는 모집요강 정보를 일괄 공지하고 지원자가 개별 선택하여 지원하기에 입사 후 기대감 미충족으로 퇴직률이 높기에 가능한 지양함이 좋습니다.

둘째, 회사 홈페이지 내 모집 공고를 통한 우수인력 구인입니다.

회사 홈페이지 내 채용 모집공고는 대기업 外에는 효과가 미비합니다. 그렇다고 홈페이지 내 모집 공고를 하지 않으면 지원자에게 회사에 대한 정보와 신뢰를 제공할 수 없기에 채용 시 반드시 홈페이지에 모집공고를 게시하여 정보를 제공해야 합니다.

그리고 회사 홈페이지를 통해 안내된 회사 정보가 고객 또는 입사 지원자 등에게 필요한 정보가 될 수 있도록 회사 연혁, 경영방침, 비전, 미션, 경영정보, 인사정보, 채용정보 등 가능한 많은 정보를 안내하여야 합니다.

셋째, 채용 전문 인터넷 사이트 모집 공고를 이용한 우수인력 구입입니다.

최근 채용 시 가장 효과적인 모집공고는 채용 전문 인터넷 사이트를 통하는 것입니다. 왜냐하면 채용 전문 인터넷 사이트에는 입사 성공담과 지원 회사에 대한 다양한 정보를 습득 및 공유하고 입사 지원까지 할 수 있기 때문입니다.

특히 중소기업 등은 개인정보보호법과 채용절차의 공정화에 관한 법률 등을 준수하기 위하여 회사 홈페이지와 별도로 채용 홈페이지 구축과 운영 등에 부담이 있을 수 있음에 채용전문 사이트를 통해 채용 모집공고를 실시함이 효율적일 수 있습니다.

왜냐하면 채용 전문 인터넷 사이트는 개인정보보호법과 채용절차의 공정화에 관한 법률 등을 준수하여 채용을 보다 효과적으로 진행할 수 있도록 지원하기 때문입니다.

그리고 채용 전문 인터넷 사이트 이용 시 모집 공고 등 비용이 발생하는데 회사가 직접 채용 사이트를 운영 시 소요되는 총비용과 비교하면 채용 전문 인터넷 사이트를 이용하는 것이 저렴하고 효과성을 높일 수 있습니다.

또한 채용 전문 인터넷 사이트는 모바일을 통해 기업과 지원자 모두에게 채용 관련 서비스를 제공하기에 시간 외 관계없이 어느 곳이

PART 3
기업 인사부서 업무 중 급여 & 복리후생 업무를 내부 분사 아웃소싱 추진 시
성공적인 운영을 위한 필요사항은 무엇입니까?

223

든 채용 관련 정보를 습득하고 의사결정할 수 있는 강점이 있습니다.

넷째, 고용노동부 워크넷 모집 공고를 통한 우수인력 구인입니다.

고용노동부 워크넷은 고용노동부와 한국고용정보원이 운영하며 구직 및 구인정보와 직업 및 진로정보를 제공합니다.

고용노동부의 워크넷 채용 사이트는 지역 워크넷, 정부 지원 일자리, 시간제 선택 강소기업 등 다양한 서비스를 PC, 스마트폰, 태블릿 PC 등을 통해 개인에게는 구직 관련 정보를, 기업에게는 구인관련 정보 및 입사지원서 접수 등을 제공합니다.

그리고 고용노동부 워크넷 서비스는 인터넷 서비스와 인트라넷 서비스 2가지 방식으로 지원합니다.

먼저 인터넷 서비스 지원입니다.

개인 구직자에게 지역별, 역세권별, 직종별, 기업형태별 등 다양한 일자리 정보를 비롯하여 온라인 구직신청, 이메일 입사지원, 맞춤 정보 서비스, 구직활동 내역 조회/출력, 메일링 서비스 등의 취업지원 서비스를 제공합니다.

구인기업에게는 지역별, 직종별, 전공계열별 등 다양한 인재정보를 비롯하여 온라인 구인신청, 인재정보관리, 맞춤 정보 서비스, 찜

하기, e-채용마당 등의 채용 지원 서비스를 제공합니다.

그 밖에 직업심리검사, 직업·학과 정보검색, 직업탐방, 진로상담 등 직업·진로 서비스와 Job Map, 일자리/인재 동향, 통계간행물/연구 자료 등의 고용동향 서비스를 제공합니다.

다음은 인트라넷 서비스 지원입니다.

고용센터 상담원 및 지자체 공무원 등에게 구인신청 또는 구직신청을 통해 구인자와 구직자 사이의 고용계약 성립 등 취업알선 업무와 구인구직 통계, SMS/FAX, 모니터링 업무 등을 지원해주는 취업알선 서비스를 제공합니다.

또한 청년 강소기업 체험, 청년 인턴, 취업성공 패키지, 취업지원 민간위탁 등 취업 지원 사업에 대한 행정 지원 서비스와 고용센터에서 실시하고 있는 성취 프로그램, 청년층 직업지도 프로그램, 취업희망 프로그램 등 다양한 집단상담 프로그램에 대한 서비스를 제공합니다.

고용노동부 워크넷을 이용하면 기업은 비용 부담이 적고 우수인력과 매칭 정보 등을 활용할 수 있어 채용에 도움이 될 것입니다.

- 고용노동부 워크넷 홈페이지: www.work.go.kr 고객센터 1350

36

기업에서 인력 채용(신입 및 경력) 시
모집요강 등 법적 준수 사항은 무엇입니까?

　　기업에서 사업주가 공정한 채용절차를 위해 준수하여야 할 기본적인 사항은 공정한 채용 광고, 개인 정보 수집 및 이용 동의서 받기, 근로계약서 작성 및 교부, 근로자명부 작성, 사회보험 가입 관리 등이 있습니다. 이를 위반할 경우 과태료 또는 벌금이 부과됩니다.

□ 채용 관련 사업주가 준수할 사항과 위반 시 과태료 부과

사업주 준수 사항	세부 준수 내용	위반 시 과태료 또는 벌금
1. 공정한 채용 광고	채용 광고 내용 및 근로조건을 채용 후 근로자에게 불리하게 변경하면 안 된다.	500만 원 이하 과태료
2. 개인 정보 수집 및 이용 동의서 받기	법령에서 정한 경우가 아님에도 개인 정보를 수집 이용하는 경우	5천만 원 이하의 과태료
3. 근로계약서 작성 및 교부	입사 확정 출근 시 근로계약서 작성 및 교부해야 한다.	미작성, 미교부 시 500만 원 이하 벌금
4. 근로자명부 작성	성별, 성명, 생년월일, 이력, 주소, 계약에 관한 사항 등을 적은 명부를 3년간 보관해야 한다.	500만 원 이하의 과태료
5. 사회보험 가입	입사 시 4대 사회보험 가입 -국민연금, 건강보험, 산재보험, 고용보험	100만 원 이하의 과태료

첫째 공정한 채용 모집공고입니다.

채용 모집공고를 보고 지원하여 입사 후 모집공고와 다른 내용으로 근로계약을 체결하는 행위를 법적으로 금지시키고 적발되는 경우 과태료(행정 벌칙) 처분을 받습니다,

공정한 채용 모집공고와 적용을 위해 금지하는 행위는 채용을 가장하여 아이디어를 수집하거나 사업장을 홍보하기 위한 목적 등으로 거짓의 채용 광고를 하는 행위로 적발 시 5년 이하의 징역 또는 2천만 원 이하의 벌금에 처합니다.

또한 정당한 사유 없이 채용 모집공고의 내용을 구직자에게 불리하게 변경하는 행위, 채용한 후에 정당한 사유 없이 채용 모집공고에서 제시한 근로조건을 구직자에게 불리하게 변경하는 행위, 채용 서류 및 이와 관련한 저작권 등의 지식재산권을 자신에게 귀속하도록 강요하는 행위로 적발 시 500만 원 이하의 과태료를 부과합니다.

단, 채용절차의 공정화에 관한 법률은 상시 30명 이상의 근로자를 사용하는 사업장에만 적용됨이 특징입니다.

둘째, 개인 정보 수집 및 이용 동의 받기입니다.

2011년 제정된 개인정보보호법은 개인 정보 최소 수집을 원칙으로 하고 있으며 기업 등에서 채용 시 반드시 필요하다고 법적으로 인정되는 개인 정보는 구직자의 동의 없이 수집과 이용 등이 가능하

나 그 외의 개인 정보 사항에 대해서는 원칙적으로 수집과 이용 등이 불가합니다.

또한 기업 등에서 채용 이후에도 동일하게 근로자가 근로를 제공하고 임금을 지급받는데 필요한 최소한의 개인 정보 사항만을 수집, 이용하여야 하고, 법적으로 수집과 이용에 민감한 정보나 고유식별 정보인 경우에는 수집과 이용의 동의를 받아야 합니다.

특히, 기업의 경우 급여 & 복리후생 업무를 아웃소싱 업체에 위탁 대행 시 아웃소싱 회사에서 기업의 임직원에 대한 소득세 신고나 4대 사회보험 신고 등을 위해 임직원의 개인 정보를 제공하는 경우에 대해서도 동의를 받아야 합니다.

사업주가 개인 정보 수집 및 이용 동의서를 받지 않거나 법을 위반한 경우 5천만 원 이하의 과태료에 처합니다.

□ 근로자 채용 시 동의 없이 수집이 가능한 개인 정보 및 동의가 필요한 항목

	근로자 동의 없이 수집이 가능한 개인 정보	근로자 동의가 필요한 개인 정보
모집, 채용 단계	채용 응시자를 확인하는데 필요한 이름, 생년월일과 응시자와 연락 시 필요한 주소, 연락처 및 채용예정자 직위에 필요한 경력, 학력, 자격증 등	채용예정자 직위와 무관한 경력, 학력, 자격증 등과 채용 전형과 관계없는 주민등록번호, 가족관계, 본적 등
채용 확정 후	근로계약서, 근로자명부, 임금대장 등 작성을 위해 필요한 성별, 생년월일, 이름, 담당업무의 종류, 입사 일자, 임금에 관한 사항 등과 사회보험 신고를 위해 필요한 이름, 주민등록번호, 급여내역 등	채용 직원의 종교 등 민감한 정보와 직원의 급여 신고 및 사회보험법적 가입관리 신고를 위한 이름, 주민등록번호 등을 제3자 아웃소싱 회사 등에게 제공하는 경우

기업의 인사부서 업무 중
급여 & 복리후생 업무 아웃소싱 실무지침서

셋째, 근로계약서 작성 및 교부입니다.

2012년부터 사업주는 근로자를 채용 시 법적으로 명시된 근로 조건을 서면으로 작성한 근로계약서 2부를 날인 후 1부를 근로자에게 교부하여야 합니다.

근로계약서는 서면으로 작성하여야 하며 법적으로 명시하여야 하는 근로조건은 임금(구성항목, 계산 방법, 지급 방법), 소정근로시간, 휴일, 연차유급휴가 등입니다.

근로계약서 작성과 서면교부를 하지 않은 경우 500만 원 이하의 벌금형에 처하고 있습니다.

넷째, 근로자명부 작성입니다.

근로기준법 제42조는 사용자에게 근로자 명부 및 근로계약에 관련된 서류(근로계약서, 임금대장, 고용 및 퇴직(해고) 등 인사관리에 관한 서류), 감급, 승급에 관한 서류, 휴가에 관한 서류 등을 근로자가 해고되거나 퇴직 또는 사망한 날로부터 3년까지 보존하여야 한다고 명시하고 있습니다.

사업주와 근로자가 근로조건에 관해 다툼의 여지가 있을 때 입증책임은 1차적으로 사업주에게 있으며, 이를 보관하지 아니할 경우 500만 원 이하의 과태료가 부과되기에 반드시 작성 후 보관하여야 합니다.

다섯째, 4대 사회보험(국민연금, 건강보험, 산재보험, 고용보험) 가입 관리입니다.

근로자는 4대 사회보험 가입을 법적으로 강제하고 있으며(특수한 경우에 예외적으로 4대 사회보험 가입을 제외하고 있습니다.) 사업주가 4대 사회보험에 가입하지 않을 경우 100만 원 이하의 과태료에 처하게 됩니다.

37

기업에서 구성원에게 매년 1회 이상 법적으로 실시해야 하는 법정 의무교육은 무엇입니까?

법정 의무교육이란 기업을 운영하며 근로자들이 필수적으로 받아야 하는 기본적인 교육을 국가에서 지정한 것으로 5인 이상의 사업장에서는 매년 1회 이상 의무적으로 실시해야 하는 의무교육을 말합니다.

매년 1회 이상 실시해야 할 법정 의무교육은 성희롱 예방교육, 개인 정보 보호 교육, 장애인 인식 개선 교육, 퇴직연금 교육, 산업안전보건 교육 등 5개 교육과 2019년 7월 16일부터 시행되는 직장내 괴롭힘 방지 예방교육을 포함 총 6개 교육입니다.

첫째, 회사 내 성희롱 예방교육입니다.

법정 성희롱 예방 의무교육은 회사 내에서 발생하는 성희롱을 방지하고자, 성에 대한 올바른 인식 및 건전한 성문화를 정착하기 위하여 성희롱의 정의, 성희롱의 대처 방법 등을 교육하는 것으로 남녀고용평등법 제13조에 의거하여 회사 내 성희롱 교육은 회사 내 모든 근로자를 대상으로 실시하며, 매년 1회 1시간 이상 교육을 실시해야 합니다.

직장 내 성희롱 예방교육은 직장 내에 성희롱 예방 관련 홍보물을 배포하여 교육을 대체할 수 있으며, 사업주가 이를 위반할 경우 500만 원 이하의 과태료가 부과됩니다.

둘째, 개인 정보 보호 교육입니다.

법정 개인 정보 보호 의무교육은 개인정보보호법 제28조에 의거 매년 직장에서 관리하고 있는 개인 정보의 중요성과 보안에 대해 임직원이 이해하고 개인 정보 보안 방법 및 보안 방지 예방법 등을 교육하는 것을 말합니다.

개인 정보 보호 교육대상은 개인 정보를 활용하는 사업자, 단체, 개인 등이 모두 포함되며, 개인 정보 보호 교육을 통해 근로자는 개인 정보 보안의 중요성을 인지하고, 준수해야 합니다.

특히 회사 내 개인 정보 처리자는 개인 정보 보호의 안전을 위해 반드시 1년에 1~2회의 정기적인 교육을 수료해야 하며, 개인 정보 누출 등의 보안 사고 발생 시 사업주에게 최대 5억 원 이하의 과태료를 부과할 수 있습니다.

셋째, 장애인 인식 개선 교육입니다.

법정 장애 인식 개선 의무교육은 2018년 신규 시행된 법정 의무교육으로, 장애인이 그 능력에 맞는 직업생활을 통해 인간다운 생활을 할 수 있도록 고용 촉진 및 직업재활을 꾀하는 것을 목적으로 합니다.

장애 인식 개선 교육은 1년에 1회 이상 모든 근로자를 대상으로 진행하는 법정 의무교육이며, 장애의 정의와 유형, 직장 내 장애인의 인권 차별 금지, 장애인 고용 촉진 및 인식 개선 등을 교육하게 되고, 사업주가 장애 인식 개선 교육을 실시하지 않는 경우 300만 원의 과태료를 부과할 수 있습니다.

넷째, 퇴직연금 교육입니다.

법정 퇴직연금 의무교육은 고령화와 저출산 사회로 변화하는 사회 현상을 반영하여 국가에서 국민들이 노후에 불확실한 경제적 사회문제를 해소하기 위해 실시하는 퇴직연금제도에 관하여 퇴직연금 내용을 매년 근로자에게 알려주는 법정 의무교육을 말합니다.

퇴직연금제도를 도입 후 운용하는 기업은 근로자에게 매년 1회 이상 퇴직연금 교육을 실시해야 하며, 이를 실시하지 않을 경우 사업주에게 1천만 원 이하의 과태료가 부과될 수 있습니다.

PART 3
기업 인사부서 업무 중 급여 & 복리후생 업무를 내부 분사 아웃소싱 추진 시
성공적인 운영을 위한 필요사항은 무엇입니까?

233

다섯째, 산업안전보건 교육입니다.

법정 산업안전보건 의무교육은 5인 이상 사업장의 모든 근로자가 각종 산업 재해의 방지를 위해 매 분기별 3~6시간 이상 이수해야 하는 법정 의무교육을 말합니다.

법정 산업안전보건 의무교육은 법령을 이해하기 어려움이 있고, 소규모 사업장에서는 산업안전보건 의무교육을 실시하지 않는 경우가 많아 산업재해의 유발이 증가하고 또한 다양화되고 있습니다.

따라서 법정 산업안전보건 의무교육을 실시하지 않을 경우, 최대 500만 원 이하의 과태료가 부과되고, 산업안전보건 관리감독자의 경우 1년에 16시간 교육을 필수 이수해야 합니다.

여섯째, 직장내 괴롭힘 방지 예방 교육입니다.

직장내 괴롭힘은 사용자 또는 근로자가 직장에서의 지위 또는 관계 등의 우위를 이용해 업무상 적정범위를 넘어 다른 근로자에게 신체적, 정신적 고통을 주거나 근무환경을 악화시키는 행위입니다.

직장내 괴롭힘 방지법의 주요 내용은 근로기준법상 직장 내 괴롭힘을 정의하고 사업주에게 신고할 수 있도록 규정하고 있으며 사업주는 조사를 통해 가해자에 대한 적절한 조치를 취해야 합니다. 또한 피해자에게 불리한 처우를 내리면 대표이사가 처벌 받습니다.

□ 법정 의무 교육: 당해 연도 12월 31일까지 실시해야 합니다.

법정 의무교육	법정 의무교육 미실시 시 법적 적용 사항
성희롱 예방 교육	2018. 5. 29일부터 과태료가 300만 원 이하에서 500만 원 이하로 강화되었습니다.
개인 정보 교육	개인 정보 보호 교육은 교육 미실시 과태료가 없지만 위반 건별로 최대 5억 원까지 부과처분합니다.
장애인 인식 개선 교육	2018. 5. 29일부터 신규 시행되어 2018. 12. 31일 교육을 마쳐야 함. 2019년 실시하면 2019년 교육으로 인정되며, 2018년 미실시에 따른 과태료는 적발 1회 100만 원, 최대 300만 원까지 부과합니다. – 강사는 자격이 있어야 합니다.
퇴직연금 교육	퇴직연금에 가입한 사업자(금융기관)에게 직접 교육을 요청하길 바라며, 교육 미실시할 경우 과태료가 1천만 원입니다.
산업안전 교육	산업안전교육 필수 사업장은 분기 1회, 연간 총 4회 교육을 의무적으로 실시해야 합니다. 그리고 비사무직은 분기 6시간, 사무직은 분기 3시간 교육을 받아야 합니다. 교육 미실시할 경우 분기별 인원수에 따라 과태료가 부과됩니다.
직장내 괴롭힘 예방교육	근로기준법, 산업재해보상보험법의 직장 내 괴롭힘 방지법에 의거 매년 예방교육을 실시해야 합니다.

PART 4

기업에서 급여 & 복리후생 업무를
아웃소싱 추진 시 성과를 높일 수
있는 방안은 무엇입니까?

01

급여 & 복리후생 업무를 아웃소싱 추진 시 기업에서 사전 검토 필요사항은 무엇이 있습니까?

기업에서 경쟁력 강화를 위해 비핵심 업무를 아웃소싱 추진 시 사전 필요사항은 외부 아웃소싱 회사 등에서도 관련 업무를 추진할 수 있도록 업무 표준화를 실시하여야 합니다.

모든 경영자원을 내재화(기업 구성원이 모든 업무를 직접 수행하는 것) 하여 관리해야 한다는 인식을 바꾸고, 비핵심 업무에 대해 기업 내부보다 더 우수하고 경쟁력이 높은 외부 회사를 활용하는 의사결정이 필요합니다.

급여 & 복리후생 업무를 아웃소싱하기 위한 사전 필요사항을 네 가지 관점에서 살펴보겠습니다.

첫째, 아웃소싱 대상 업무를 외부 회사에서도 실시할 수 있는 형태로 표준화를 먼저 실시한 후 아웃소싱 추진 여부를 결정하는 것이 중요합니다.

즉 모든 업무를 표준화한 후 회사가 반드시 그 업무를 직접 관할해야만 하는가 여부를 판단할 수 있는 객관적인 기준을 확립한 후에 아웃소싱 대상 업무를 결정하여야 합니다.

둘째, 기업 경영활동의 모든 경영자원을 기업이 직접 관리하려는 업무 추진 방식에서 탈피하는 것이 필요합니다.

자신의 기업이 특별하다는 사고는 업무수행 주체의 다양화를 거부하는 문화를 조성할 뿐만 아니라 그 기업에서만 업무가 가능하고 외부 기업에선 통용되지 않는 유연성이 부족한 구성원을 육성하는 문제점을 야기하기 때문입니다.

셋째, 기업 구성원의 인식을 전환하는 것도 중요합니다. 기업에서 직접 수행하는 직무를 아웃소싱하는 것은 현재 일자리의 축소를 의미하는 감량경영으로 인식될 수 있기 때문입니다.

기업에서 아웃소싱 전략은 단순히 감량경영을 목표로 하는 것이 아니라 경영자원의 선택화와 집중화 그리고 외부 기업과 네트워크 협조를 통해 기업 경쟁력을 제고시키는 것을 목표로 한다는 인식의 공유가 필요합니다.

기업의 핵심 역량 업무 부분에서는 장기 고용 제도를 유지하되, 기타 비핵심 업무분야에선 외부 인재를 채용하거나 아웃소싱을 도입하는 선택과 집중의 인사제도 도입과 운용이 바람직하기 때문입니다.

넷째, 기업의 비핵심 업무를 아웃소싱하더라도 아웃소싱 업무가 원활하게 추진이 되어야 핵심 업무가 더 높은 성과를 창출할 수 있기에 아웃소싱 업무를 수행하는 기업과의 네트워크를 구축하는 것이 필요합니다.

즉 기업은 특정 사업분야나 경영 기능 면에서 비교우위를 확보한 외부 전문기업 등을 발굴하여 네트워크 기업으로 협업을 추진함이 글로벌 경쟁 기업환경에서 경쟁력 강화에 중요한 요인이 될 수 있습니다.

아울러 국내 기업의 해외 진출이 확대됨에 따라 아웃소싱 대상 기업을 국내 기업에 한정하지 않고, 해외 현지 기업을 활용하는 경영전략도 필요합니다.

국내 사업의 해외 진출 시 국내에서 현지 법규 등을 정확하게 적용하여 업무를 적기 적시에 지원할 수 없기에 현지에 우수 아웃소싱 기업을 활용하여 사업의 조기 안정화를 도모하고 성장을 추진하는 경영전략이 필요하다는 것입니다.

02

기업에서 급여 & 복리후생 업무를 아웃소싱 추진 시
내부 분사 아웃소싱 회사가 아닌 시장에서 출범한
아웃소싱 회사 대상으로 아웃소싱 업체를
선정하기 위한 검토는 어떻게 합니까?

기업에서 급여 & 복리후생 업무를 아웃소싱 추진하며 아웃소싱
업체 선정 시 검토사항은 정보 보안 준수 여부, 아웃소싱 업체의 고
객사 인력 규모별 및 업종별 서비스 경쟁력 현황, 아웃소싱을 추진
하는 기업 내 인사 시스템 보유 여부 등을 기준으로 아웃소싱 업체
를 선정하는 것이 좋습니다.

첫째, 정보 보안 준수 여부 기준 아웃소싱 업체 선정입니다.

급여 & 복리후생 업무 아웃소싱 업체의 정보 보안 역량이 가장
중요한 경쟁력일 것입니다. 왜냐하면 고객사의 기업 정보 및 구성원
의 인사정보는 핵심 정보로 정보 보안 준수는 반드시 선행되어야 하
는 필수조건으로 필수 보유 역량이기 때문입니다.

즉 기업 구성원의 급여, 인사자료 등 개인 정보는 정보의 총체라
고 할 수 있습니다.

예시로 연말정산 관련 개인 정보는 본인과 부양가족의 총소득, 보험 가입 현황, 건강 관련 의료 정보, 소비 형태별 지출 현황 등 한 개인의 모든 정보가 담겨있기에 보안 관리가 확보된 아웃소싱 업체를 선정함이 아웃소싱 성공 여부를 결정할 수 있습니다.

그리고 급여 & 복리후생 업무 아웃소싱 시 정보 보안은 인사 시스템 내 데이터 관련 보안준수, 매월 아웃소싱 업무대행 자료 제출 시 보안준수, 업무대행 자료 보관 및 폐기 시 보안준수 등 실천사항을 아웃소싱 업체 선정 시 세부적으로 평가하고 계약서에 관련 내용을 기술하여 아웃소싱 과정에서 문제가 발생할 경우를 대비하는 것이 좋습니다.

둘째, 아웃소싱 업체의 고객사 인력 규모별 및 업종별 서비스 현황 기준으로 업체 선정입니다.

기업에서 급여 & 복리후생 업무 아웃소싱 업체를 선정 시 인력 규모별 및 업종별로 서비스 제공 현황을 반영하여 아웃소싱 업체를 선정함이 아웃소싱 효과를 극대화할 수 있습니다.

아웃소싱 업체의 업무대행 역량을 파악하기 위하여 인력 규모별(1000명 이하, 1000명 이상, 2000명 이상, 3000명 이상, 4000명 이상, 5000명 이상, 10000명 이상) 업무대행 서비스 제공이 가능한지를 현재 아웃소싱 업체의 고객사 인력 규모 기준 서비스 역량을 파악합니다.

만약 기업의 유사 인력 규모 기준 아웃소싱 회사에서 업무대행 서비스 경험이 없을 시 업무대행 과정에 시행착오가 발생할 경우 구성원에게 인사업무에 대한 신뢰 저하가 발생할 리스크가 있기 때문입니다.

또한 업종별 기업에 대한 업무대행 서비스 경험이 없을 경우 제조업은 생산현장 교대 근무에 따른 실근무 시간을 임금 시간으로 환산 반영 시 시행착오가 있을 수 있고, 금융업은 매월 실적 평가에 의한 인센티브 지급 시 세금 정산에 시행착오가 있을 수 있고, 서비스업은 대체휴무 상시화 및 사회보험 예외 적용 및 제외 등에 차질이 발생할 수 있음에 업종별 업무대행 경험도 아웃소싱 업체 선정 시 중요합니다.

예를 들면 평균 50명 이하는 노무 법인 또는 세무 법인으로 아웃소싱을 추진하고, 50명 이상은 아웃소싱 전문 회사를 통해 업무를 위탁대행함이 아웃소싱 효과를 극대화할 수 있습니다.

□ 기업의 인력 규모별 급여 & 복리후생 위탁대행 아웃소싱 업체 선정

	기업 구성원 50명 이하	기업 구성원 50명 초과
아웃소싱 업체	노무 법인 또는 세무 법인	아웃소싱 전문 업체
아웃소싱 업체 선정 배경	- 50명 이하 기업은 스타트업, 중소기업 등으로 인사 또는 회계 실무자 전담 운영은 경영에 부담되기에 외부에서 전문 서비스를 받도록 노무 법인 또는 세무 법인을 활용함이 좋음.	- 인사부문 핵심 업무 집중으로 업무 효율성 높임 - 기업 내 급여 실무자 퇴직 등으로 인한 업무 공백 해소
목적/기대 효과	- 노무 법인: 노동법 관련 법적 전문 서비스 제공 - 세무 법인: 세무/회계 관련 소득세, 사업소득, 기타 소득, 법인세 산출 및 납부 등 전문 서비스 제공 - 공통 사회보험: 가입 및 관리 전문 서비스	- 성과주의 연봉제 확대에 따른 연봉 보안 강화 가능 - 노동법 등 법적 준수 사항 시행착오 방지 - 비용 절감 효과 제공
업체 결정	기업에서 노무 법인과 세무 법인 중 기업의 경영방침과 부합되는 업체를 선정하여 운영함이 좋음	- 기업 인사부서 제 보상 관련 업무를 80% 이상 효율화할 수 있는 아웃소싱 업체를 선정함

셋째, 아웃소싱을 추진하는 기업 내 인사 시스템 보유 여부 기준 아웃소싱 업체 선정입니다.

기업 내부에 인사 시스템과 회계 시스템을 보유하고 급여 & 복리후생 업무대행 아웃소싱 업체를 선정하는 방법입니다.

아웃소싱을 추진할 기업의 동종 업종과 동등 규모 인력에게 서비스를 제공하는 아웃소싱 업체를 선정함이 좋습니다.

동종업계 동등 인력 규모 기업에 제공한 아웃소싱 서비스 역량을

제공받아 기업의 아웃소싱 성공률을 높일 수 있기 때문으로 업무대행 서비스 항목, 업무대행 처리 프로세스, 업무대행 자료제공 항목, 실무담당자 업무 수행 경력(역량) 등을 평가하여 아웃소싱 업체를 선정함이 좋습니다.

기업에서 인사 시스템을 보유하고 있지 않은 경우 아웃소싱 업체를 선정하는 방법입니다.

자체 인사 시스템을 보유하지 않은 중소기업 등이 급여 및 복리후생 업무를 아웃소싱 업체에 위탁대행 시 아웃소싱 업체 선정은 아웃소싱 업체의 인사 시스템을 활용 시 또는 인사 시스템을 임대 후 아웃소싱 추진 시 중에서 선택합니다.

기업의 경영현황과 아웃소싱을 추진하는 과정에 아웃소싱 업체의 서비스 불만족으로 재계약 시 아웃소싱 업체를 교체할 경우 등을 고려하여 선정함이 좋습니다.

전산 인사 시스템을 보유하고 있지 않은 중소기업 등에서 아웃소싱 업체의 인사 시스템을 이용하여 급여 & 복리후생 업무를 아웃소싱하는 경우 아웃소싱 업체에 인사 시스템 이용 비용을 별도 지불하지 않고 또한 기업 내 별도 인사 시스템과 시스템 운영인력을 채용하지 않아도 되기에 비용을 절감할 수 있습니다.

그러나 아웃소싱 업무대행 과정에 기업에서 서비스 불만족으로 아웃소싱 업무를 기업 내부로 인소싱 또는 아웃소싱 업체를 변경 시 아웃소싱 업체에 보관 중인 구성원의 급여 보상 자료 및 보상 자료 누적 데이터 등을 이관할 경우에 아웃소싱 업체에서 적극적인 협조를 하지 않을 경우 기업에 리스크가 발생할 수 있습니다.

즉 아웃소싱 업체에서 급여 & 복리후생 업무대행 시 발생하는 보안 자료는 인사 시스템 서버, 실무자 PC 본체, 출력자료 등으로 보관되고 있기에 현재 아웃소싱 업체에서 업무대행을 종료하고 기업 내부에서 직접 업무를 수행하든지 또는 다른 아웃소싱 업체로 변경 시 계약이 해지되는 아웃소싱 업체의 제반 자료를 이관하며 인사 시스템과 PC 본체에 보관중인 자료를 완전히 삭제하고 출력자료는 이관 또는 폐기해야 합니다.

이러한 상황을 대비하여 계약서에 내용을 명시하겠지만, 실제 자료의 삭제와 폐기가 완전하게 이루어지는지를 확인할 수 없기에 아웃소싱 업체의 전산 인사 시스템을 사용하는 것은 신중하게 검토하는 것이 필요합니다.

마지막으로 인사 시스템을 외부 전문 회사 패키지를 임대하여 사용하는 경우입니다.

현재 국내에서 인사 시스템을 임대하여 사용할 수 있는 경우는 더존 시스템이 가장 대중화되어 있으며 인사 시스템과 회계 시스템과 연계하여 사용할 수 있기에 시너지도 확보하고 있습니다.

외부 전문 회사 인사 시스템을 임대하여 사용할 경우 아웃소싱 업무대행 중 서비스 불만족으로 재계약을 하지 않고 기업 내부로 인소싱 또는 아웃소싱 업체를 변경하여 아웃소싱을 계속 실시할 경우 더존 인사 시스템에 보관 중인 데이터를 암호를 변경하여 지속 사용할 수 있습니다.

그리고 재계약을 하지 않고 계약 해지한 아웃소싱 업체 실무자 PC 본체에 보관 중인 자료를 완전히 삭제하고 출력 보관 중인 자료는 이관 받으면 될 것입니다.

03

급여 & 복리후생 업무를 아웃소싱 추진 시
우수 아웃소싱 업체 선정을 위한 평가는 어떻게 합니까?

기업에서 급여 & 복리후생 업무를 아웃소싱 추진 시 아웃소싱 우수업체 선정을 위한 업무 프로세스입니다.

가장 먼저 급여 & 복리후생 업무를 아웃소싱 추진 시 제안서를 제출할 아웃소싱 대상 회사를 3-5곳 선정합니다. 선정된 아웃소싱 업체에 제안서를 제출받기 위한 기업의 기본 정보를 제공합니다. 이후 아웃소싱 업체에서 제안서를 제출받아 제안서 평가 결과 PT 실시할 업체를 선정합니다.

아웃소싱 업체 PT 결과 최종 우선 대상 아웃소싱 업체를 선정하여 계약 체결을 위한 세부 실무 업무를 협의하고 쌍방이 협의 완료시 업무대행 계약을 체결하고 아웃소싱 업무를 추진합니다.

□ 급여 & 복리후생 업무 아웃소싱을 위한 P/T 실시와 업체 선정 등 프로세스

- 급여 & 복리후생 아웃소싱 업체 시장에서 5개 정도 선정
- 선정된 업체에 제안서 제출 공문 이메일 발송
- 제출된 제안서 내용 검토 후 P/T를 위한 3개 업체 정도 선정
- 급여 & 복리후생 아웃소싱 업체별 P/T 일시 확정
- 급여 & 복리후생 업체 P/T 시 평가 위원 선정
- 급여 & 복리후생 아웃소싱 업체에 P/T 일시와 참석 이메일 통보
- 급여 & 복리후생 아웃소싱 업체 P/T 발표: 업체별 30분 발표 및 10분 질의응답
- 급여 & 복리후생 아웃소싱 업체 P/T 결과 최종 업체 확정
- 선정된 아웃소싱 업체와 세부 실무 협의 및 확정: 업무대행 수수료, 대행 시기, 대행 범위 등
- 선정된 아웃소싱 업체와 계약서 체결
- 선정된 아웃소싱 업체에 급여 & 복리후생 업무 이관
- 내부 구성원에게 급여 & 복리후생 업무 아웃소싱 배경과 추진 프로세스 이메일 안내
- 급여 & 복리후생 아웃소싱 업무대행 실시

첫째, 급여 & 복리후생 아웃소싱을 위한 기업에서 아웃소싱 업체에 제공하는 정보입니다.

제안 항목	제안서 작성 세부 내용
업무대행을 위한 기본 정보 제공	- 업무대행 인원(임원, 연봉제 인원 시간급제 인원 별도 표기) - 연봉제인 경우 연봉 지급 횟수(연공급제 경우 보상 지급 횟수) - 급여 외 제 보상 지급 항목 및 세부 현황 - 급여 지급 일자 등 제 보상 지급 일자 - 상여금 및 인센티브 지급 일자 - 노조 운영 여부: 노조회비 급여공제
급여 관리	- 월 급여, 제 수당, 상여금, 인센티브(성과급), 연차수당 등 정산 - 제반 공제금 처리 업무 - 각종 세금 계산 및 관련 제반 업무 - 매월 급여 지급 관련 집계표(품의서) 제공
사회보험 관리	- 4대 사회보험 취득과 상실 및 변경 신고 - 4대 사회보험 보수총액 신고서 작성과 관련 제반 업무 - 4대 사회보험에 대한 예수금 관리 자료 제공 - 4대 사회보험 납부 관련 집계표(품의서) 제공
퇴직금 정산	- 매월 퇴직금 추계액 계산 및 집계표(품의서) 제공 - 퇴직자 퇴직금 정산자료 및 명세서 제공 - 퇴직연금 관련 지원 업무
복리후생	- 사내 복지 기금 제도 운용 시 지원 업무 - 복리후생 지원 제도 중 연말정산 과표에 포함되는 지원 업무 - 복리후생 지급 관련 집계표(품의서) 제공
소득세 정산, 납부/신고	- 매월 급여 및 제 보상 등 근로소득과 퇴직금 등에 대한 원천징수이행상황 신고서 작성
연말정산	- 연말정산 교육 실시 - 연말정산 안내문 작성 및 배포 - 소득공제 신고서 등 제출서류 검토와 입력 및 처리(전산 반영) - 연말정산 결과 급여 반영 및 이후 후속처리 업무 - 근로소득원천징수영수증 및 원천징수영수부 작성과 배포 - 연말정산 전산 매체 신고서 작성 및 신고업무
기타	- 인사 전산 시스템 중 급여시스템 운영 - 급여, 상여금, 연차수당 등 명세서 개인별 이메일 제공 - 제반 증명서 발급: 재직, 경력, 세무 관련 증명서 발급

둘째, 아웃소싱 업체에서 제출한 급여 & 복리후생 업무대행 제안서를 평가합니다.

평가 항목	세부 평가 항목	배점
업무 위탁대행 회사 평가	아웃소싱 업체 신뢰도 - 아웃소싱 업체의 업무대행 고객사 현황	
	업무 위탁대행의 적극성	
업무 위탁대행 수행 역량 평가	업무 위탁대행 운영 및 실무자 전문성	
	업무 위탁대행 수행 역량	
	업무 위탁대행 과제 수행 제안 창의성	
업무 위탁대행 운영 역량 평가	제안요청 업무(내역)에 대한 실무자 운영안 - 아웃소싱 업체 업무대행 실무자 독과점 방지를 통한 실무자 이슈 발생 시 업무대행 안정 서비스 제공	
	제안요청 업무(내역)에 대한 수행도	
	제안요청 업무(내역)의 사업 경쟁력 및 관리 역량	
추가 수행 평가	업무대행 사전 및 사후 서비스 내용	
	업무대행 사전 및 사후 서비스에 대한 적정성	
업무대행 수수료	아웃소싱 업무대행 수수료의 적정성	
총 계		100점

셋째, 아웃소싱 업체에서 제출한 제안서 기준 3개 업체 정도 PT를 실시합니다.

PT는 아웃소싱 업체에서 제출한 제안서 기준 개별 발표 형태로 추진하도록 하며 업체별 10-15분 발표하고 질의응답을 15분 정도 갖도록 합니다. 업체별 발표 및 질의응답 시 경쟁업체는 발표장에 입실하지 않고 별도 대기 장소에 대기하도록 합니다.

아웃소싱 업체 PT 시 발표장에 입실한 임직원 중 평가를 통해 기업의 조직문화를 잘 이해하고 경쟁력을 보유한 업체를 최종 협상 업체로 선정 후 세부 업무대행 수수료, 업무대행 범위, 업무 이관 등을 협의하여 확정하고 최종 계약을 체결한 후 업무대행 서비스를 제공하도록 합니다.

04

**급여 & 복리후생 업무를 아웃소싱 추진 시
아웃소싱 업체 선정을 위한 P/T는 어떻게 실시합니까?**

급여 & 복리후생 업무대행 아웃소싱 추진 시 아웃소싱 업체별 제안서를 제출받아 평가한 후 최소 3개 업체를 선정하여 P/T를 실시하되 아웃소싱 추진 기업의 인력 규모가 500명 이상 되었을 경우 실시하는 것이 좋습니다.

왜냐하면 아웃소싱 업체에서 업무 위탁대행 시 실무담당자를 0.5명 이상 투입하는 최소 500명 이상을 기준으로 P/T를 실시함이 아웃소싱 업체의 참여율을 높이고 협상을 원활하게 이끌어 갈 수 있기 때문입니다.

그리고 아웃소싱 업체 선정을 위한 P/T를 실시할 경우 참여업체 수는 3개 업체 정도를 실시함이 좋을 것입니다.

그렇게 하여야 아웃소싱 업체에 대한 상대적 평가의 실효성을 높일 수 있고, 우선 협상 대상 아웃소싱 업체와 최종 협의가 안 될 경우 차상위(2위) 업체와 협상을 진행할 수 있도록 하기 위함입니다.

만약 500명 미만 기업에서 급여 & 복리후생 업무를 아웃소싱할 경우 아웃소싱 업체별 제안서를 접수 후 평가를 통해 1개 업체를 선정하여 해당 아웃소싱 업체와 직접 협의를 통해 업체를 결정함이 좋을 것입니다.

05

급여 & 복리후생 업무를 아웃소싱 추진 시
아웃소싱 업체 선정을 위한 평판은 어떻게 조사합니까?

급여 & 복리후생 업무 아웃소싱을 위한 제안서를 제출받은 후 P/T 실시 업체를 선정하기 위한 업체별 평판 조회는 아웃소싱 업체에서 제출한 제안서 내 고객사 중 3-5개 회사의 인사부서 담당자를 직접 만남 또는 통화 등을 통해 업무대행 서비스 만족도에 대해 의견을 취합함이 좋을 것입니다.

☐ 아웃소싱 제안서 내 고객사 중 3-5개 회사 인사부서 근무자에게 평판 조회 시 질의 예시

- 질의 1, 급여 & 복리후생 관련 아웃소싱을 실시하고 있는 것이 맞습니까? (아웃소싱 업체명 언급)
- 질의 2, 현재 아웃소싱 업체에 언제부터 급여 & 복리후생 업무를 아웃소싱했습니까?
- 질의 3, 현재 아웃소싱 업체의 급여 & 복리후생 업무대행 서비스에 만족하십니까?
- 질의 4, 현재 업무대행 서비스에 만족하신다면 만족 사유는 무엇이며 점수는 100점 만점에 몇 점이나 주시겠습니까?

- 질의 5, 현재 업무대행 서비스에 불만족한다면 불만족 사유는 무엇이며 점수는 100점 만점에 몇 점이나 주시겠습니다?
- 질의 6, 당사에서 현재 귀사에서 급여 & 복리후생 업무대행을 하는 아웃소싱 업체에 동일하게 아웃소싱을 추진하려고 검토 중인데 귀하의 의견은 어떻습니까?

06

급여 & 복리후생 업무를 아웃소싱 추진 중 서비스 불만족 등으로 아웃소싱 업체를 교체하려면 어떻게 해야 합니까?

아웃소싱 회사를 통해 급여 & 복리후생 업무대행 중 아웃소싱 목적과 계약 내용 미준수에 따른 서비스 불만족 등으로 아웃소싱 업체를 교체 시 업무대행 계약서 내용에 교체 관련 필요 내용과 교체 시 업무 자료 이관 및 업무 인수인계 등을 명기하여 법적인 리스크를 해소해야 합니다.

그리고 업무대행 계약서 내용에 준하여 아웃소싱 업체 재계약 중단 및 업무 이관을 추진해야 합니다.

첫째, 아웃소싱 업체 교체 시 법적으로 문제가 발생하지 않도록 계약 체결 시 계약서에 계약사항 미준수, 서비스 불만족 등 발생 시 계약 해지 관련 내용을 명시해야 합니다.

〈계약서 내용 예시〉

- 본 계약의 계약기간 내 중도해지 또는 계약 종료 후 "을"은 본 계약에 대한 일체의 대행을 하지 않으며, "을"은 계약의 중도해지 또는 계약 종료 시 "갑"과 계약기간 내 본 업무대행에 한해 제반 책임을 부담한다.
- "을"이 본 계약상의 의무를 위반한 경우, "갑"이 기한을 정하여 이에 대한 시정을 요구할 수 있고, 해당 기한 내에 "을"이 이를 시정하지 아니하는 경우 "갑"이 서면 통지로 본 계약을 즉시 해지할 수 있음과 또한 본 계약이 해지되는 경우에도 기 발생된 권리 및 손해배상청구에는 영향을 미치지 아니한다.

둘째, 업무대행 계약기간은 1년 단위로 체결하며, 계약 갱신 내용을 계약서에 명기하도록 합니다.

〈계약서 내용 예시〉

- 본 계약기간은 ○○○○년 ○○월 ○일부터 ○○○○년 ○○월 말일까지 12개월로 한다.
- 전항의 계약기간 만료 1개월 전까지 일방이 계약 갱신 거절 의사를 서면으로 통지하지 않는 한 본 계약은 1년씩 자동 연장된다. 단, 해당 기간 도급비는 양 당사자가 별도 재협의로 정한다.

셋째, 재계약 종료 시 업무 인수인계 및 업무 자료 이관에 대해 계약서에 명기하도록 합니다.

〈계약서 내용 예시〉

- "을"은 본 계약 체결과 그 이행과 관련하여 알게 된 "갑"의 일체의 정보 및 자료(이하 비밀정보)가 "갑"의 기밀사항임을 인지하여 본 계약 이행을 위해서만 사용하며, "갑"의 사전 승낙(서면 또는 유선) 없이 제3자에게 누설, 공개, 공유, 제공하여서는 아니 된다.
- 본 계약이 해지되는 경우, "을"은 "갑" 또는 "갑"이 지정하는 자가 즉시 승계토록 하고 그 행정 절차에 협력하여야 한다.

07

급여 & 복리후생 업무를 아웃소싱 추진 중 재계약 시 업무대행 만족도 평가 등 중점 관리 사항은 무엇이 있습니까?

급여 & 복리후생 업무대행 아웃소싱 추진 과정에 아웃소싱 회사와 재계약을 추진 시 최초 아웃소싱 추진 목적에 준하여 성과가 높게 추진되고 있는지 평가해야 합니다.

급여 & 복리후생 업무 아웃소싱 재계약 검토를 위한 아웃소싱 효과 분석을 위한 세부 평가항목은 업무 프로세스 간소화, 업무대행 항목 정확한 정산과 지급, 복리후생 업무 관련 규정/지침에 준한 지원/처리, 실무자의 전문적 지식 보유와 서비스 제공, 정보 보안 준수, 제반 법규를 준수하는 서비스 제공, 업무대행 수수료 적정성 등 관련한 평가 항목입니다.

□ 급여 & 복리후생 업무대행 고객사 만족도 평가

- 평가 대상: 고객사 인사부서 담당자 및 간부
- 평가 방법: 온라인상 웹에서 평가 또는 업무대행 만족도 설문지 배포하여 평가
- 평가 설문지: 질문에 대한 5단계 만족도 평가

- 평가 활용: 익년도 재계약 시 활용, 업무대행 만족도 제고를 통한 경쟁력 강화 활용

□ 급여 & 복리후생 업무대행 재계약 시 평가 사항

재계약 시 평가 항목	세부 평가 내용
급여 & 복리후생 업무 프로세스 간소화	- 아웃소싱 이후 업무 프로세스 간소화로 인사부서 성과 향상에 기여 여부
급여 등 정확한 정산과 지급	- 급여 등 제 보상 지급 시 정확한 정산과 지급으로 인사부서에 대한 임직원의 신뢰도 향상 여부
복리후생 업무 관련 규정/ 지침에 준한 지원/처리	- 서비스 마인드를 보유하고 복리후생 지원 업무에 質 높은 서비스 제공으로 임직원 만족도 제공 여부
전문적 지식 보유와 서비스 제공	- 노동법, 소득세법, 사회보험법 등에 대한 전문적 지식을 보유하고 사전 정보제공을 통한 인사부서 업무 추진에 기여 여부
정보 보안 준수	- 회사의 기밀과 임직원의 개인 정보 등에 대해 보안을 준수하고 책임감 높게 업무대행 여부
제반 법규를 준수하는 서비스 제공	- 노동법, 소득세법, 사회보험법 등을 준수하고 기일 준수 업무처리 등으로 과태료 또는 벌금이 발생하지 않고 업무를 잘 처리하였는지 여부
업무대행 수수료의 적정성	- 아웃소싱 업무대행 수수료는 업무를 직접수행 시 비교 20% 이상 비용을 절감하였는지 여부

08

기업의 인사업무 중 급여 & 복리후생 업무를
아웃소싱 추진 시 성공을 위한 조건은 무엇이 있습니까?

□ 기업에서 급여 & 복리후생 업무를 아웃소싱 추진 시 성공적인 결과를 위한
조건입니다.

성공 조건	세부 상세 내용
1. 기업의 핵심 역량을 강화한다.	기업의 핵심 역량을 강화시켜 줄 수 있는 비핵심 직무에 한하여 아웃소싱을 실시합니다.
2. 사업의 전략적 측면에서 아웃소싱을 검토한다.	아웃소싱 추진 시 약화 또는 상시 될 수 있는 기업의 핵심 기술력이나 직무 기능의 전략적 중요도를 검토합니다.
3. 경쟁력 있는 아웃소싱 회사를 파트너로 확보한다.	아웃소싱을 추진하는 기업의 조직문화와 부합된 업체를 선정하고 비용 절감 효과와 성과 기여를 확보해야 합니다.
4. 아웃소싱 회사는 업무대행 서비스의 질적 수준을 유지한다.	기업이 아웃소싱 추진하려는 업무에 아웃소싱 업체가 유사업종, 동등 인력 규모 업무대행 노하우를 보유하여 기업의 서비스 질을 향상시켜야 합니다.
5. 아웃소싱 업무가 기업의 핵심 업무의 성과 달성에 기여한다.	기업이 비핵심 업무를 아웃소싱 추진 시 핵심 업무의 성과 달성에 기여해야 합니다. 비용 절감은 기본이고 성과향상에 必 기여해야 합니다.

첫째, 아웃소싱을 통해 기업의 핵심 역량을 더욱 강화하는 것입니다.

기업의 업무 특징과 인프라 등을 구성하고 있는 직무 기능을 고려 시 반드시 내부화해야 하는 핵심직무는 반드시 직접 수행해야 합니다.

기업에서 직접 수행해야 하는 직무로는 사업기획 및 사업 전략 추진 직무, 사업 성과평가 직무, 신제품 기획 및 개발 직무, 생산 및 공정관리 직무, 판매기획 및 판매촉진 직무, 마케팅 직무, 인사관리 직무, 회계 및 재무관리 직무, 자금 관리 직무, 투자관리 직무 등 기업의 핵심 경쟁력과 직접 관련성이 높은 직무는 반드시 내부화로 직접 수행하고 필요인력을 적극적으로 채용, 육성, 유지해야 합니다.

아웃소싱은 기업의 핵심 직무가 반드시 성과를 도출할 수 있도록 지원하는 비핵심 직무에 한하여 추진함으로 아웃소싱의 성과를 도출해야 합니다.

둘째, 아웃소싱 추진으로 사업의 핵심 역량이 전략적 측면에서 약화 또는 위험하지 않도록 사전에 반드시 체크해야 합니다.

기업이 아웃소싱을 추진 시 핵심 역량을 강화하고 비용을 절감하는 등 많은 강점이 있는 것은 사실이지만 아웃소싱 추진 시 의사결정은 신중해야 하며 비핵심 직무라도 아웃소싱을 추진할 경우 전략적으로 위험을 수반하게 된다면 아웃소싱 자체를 중단하거나 아웃소싱의 방법 및 범위 등에 대한 재검토가 반드시 필요합니다.

즉 아웃소싱에 의해 사업의 핵심 기술과 노하우 등이 약화 또는 상실될 우려가 있는 경우나 간접 지원 부서의 축적된 직무수행 기능이 약화 또는 상실될 우려가 있는 경우 등에는 아웃소싱에 대하여 전략적으로 결정해야 합니다.

불가피하게 아웃소싱을 추진하더라도 기업의 핵심 역량을 강화하는데 기여할 수 있는 직무는 아웃소싱의 범위를 축소하고 직접 수행으로 역량을 강화하여 사업의 위험을 줄여야 할 것입니다.

또한 사업의 전략과 추진 방향 등에 대하여 명료하게 확정을 하지 않고 아웃소싱의 업무대행 범위를 확대할 경우 향후 손실의 우려가 있기 때문에 지양해야 하며, 아웃소싱 실시로 자체 기술력 증진과 직무 역량을 개발할 기회를 자동적으로 갖지 못하게 되어 특정 직무 분야의 필요 역량을 포기하게 되는 경우도 발생할 수 있습니다.

결과적으로 비핵심 직무라도 아웃소싱을 추진 시 사업의 전략적인 관점에서 아웃소싱 대상 직무의 특성과 기능을 확실하게 파악하고, 아웃소싱을 통해 기업의 경쟁력을 강화할 수 있다는 전략적인 의사결정이 있을 경우 아웃소싱을 실시하도록 합니다.

셋째, 경쟁력 있는 아웃소싱 회사를 파트너로 확보하는 것입니다.

아웃소싱을 추진하려는 기업의 유사업종과 동등 규모 인력을 보유한 기업(고객사)에 아웃소싱 서비스를 제공하고 있는지 확인하고 추진함이 필요합니다. 아웃소싱 회사가 유사업종에서 동등 규모 인력에게 서비스를 제공한 경험을 보유하고 있을 시 노하우 서비스를 제공받을 수 있기 때문입니다.

그리고 아웃소싱 회사가 적정 인력 규모를 확보하고 아웃소싱 실무자가 퇴직 또는 경조사 등 특별한 상황으로 공백이 발생할 경우 즉시 대처 실무자 투입으로 서비스가 차질 없이 제공될 수 있는지 반드시 확인해야 합니다. 그렇지 않을 경우 실무자 공백으로 인한 손실이 클 수 있기 때문입니다.

또한 아웃소싱 회사의 소통 역량입니다. 아웃소싱 업무 중 경영직군 사무 관련 업무는 고객사와 아웃소싱 회사가 대부분 업무를 인터넷 매체를 통해 진행하기에 소통이 원활하지 않을 시 업무 착오와 오류가 발생할 수 있습니다.

그렇기에 소통은 온라인, 오프라인을 통해 이루어져야 하며, 아웃소싱 업무처리는 상호 R&R에 의해 온라인으로 처리하되, 아웃소싱 실무자와 고객사 담당자가 정기적인 오프라인 만남을 통해 업무 관련 정보를 공유하고 진행할 수 있어야 합니다.

넷째, 아웃소싱 회사는 업무대행 서비스의 질적 수준을 유지해야 합니다.

기업의 경쟁력 강화를 위하여 비핵심 업무를 직접 수행(=인소싱)

이 아닌 아웃소싱 추진 시 제공받는 서비스의 품질이 저하된다면 아웃소싱의 효과가 없기에 서비스의 질적 수준은 인소싱할 때보다 향상된 결과이어야 할 것입니다.

기업에서 비핵심 업무를 아웃소싱 추진결과 비용 절감 효과와 서비스의 질적 수준이 직접 수행 시보다 높아지지 않는다면 아웃소싱 지속 추진 여부를 신중하게 재고해 보아야 할 것입니다.

다섯째, 아웃소싱 추진 시 아웃소싱 업무가 기업의 핵심 업무의 성과 달성에 기여해야 합니다.

기업에서 비핵심 업무를 아웃소싱 추진 결과 핵심 업무 성과 달성에 기여하지 못하면 아웃소싱 효과는 미흡하다고 판단해야 합니다.

비록 비용 절감 효과는 있을 수 있지만 핵심 업무의 성과 지표를 향상하지 못하면 아웃소싱 당초 목적을 달성하지 못하였기 때문입니다. 이럴 경우 아웃소싱 지속 추진 여부에 대하여 재검토할 필요가 있습니다.

그렇기에 기업 입장에서 아웃소싱을 신규 추진 시 내부 분사 아웃소싱 법인은 출범 목적을 달성하려고 적극적 실천을 할 것임에 제외하더라도 시장에서 형성된 아웃소싱 업체는 초기에 아웃소싱 시행 착오와 개선점을 찾아 조기 프로세스 등을 점검하여 안정화시킬 수 있도록 한시적인 지원 조직을 운영할 필요가 있습니다.

아웃소싱의 성공적인 과정과 결과를 위하여 기업(고객사) 내 한시적인 지원조직을 운영 시 지원조직은 기업의 핵심 업무와 아웃소싱을 추진한 비핵심 업무 간에 발생하는 비즈니스 프로세스상 지체와 단절 등을 최소화하고 아웃소싱 추진 목적을 극대화할 수 있는 역할을 수행해야 합니다.

PART 5

급여 & 복리후생 업무대행 아웃소싱
회사의 경쟁력 강화를 위한
핵심 실천사항은 무엇입니까?

01

급여 & 복리후생 업무 아웃소싱 회사의
구성원에 대한 역량 향상 등 인력 양성은 어떻게 실시합니까?

급여 & 복리후생 업무대행 실무자 역량 향상을 위한 인력 양성은 신규 입사자(신입 및 경력 사원) 입문교육 과정과 신규사원을 포함 기존 재직자의 실무역량을 향상하기 위한 인력양성 교육 과정으로 이원화하여 실시합니다.

그리고 교육과정 참여를 통한 역량 향상에 실효성을 확보하기 위하여 정기(연말 등) 인사고과 평가 시 각 직급별 교육 이수 결과를 반영하고, 실무자 전원이 직무수행에 필요한 자격증을 취득하도록 지원하고, 자격증 취득 시 자격증 수당 지급으로 동기부여를 제공하는 것입니다.

첫째, 신규사원(신입 및 경력 사원) 역량 향상을 위한 실무 양성 교육과정입니다.

신규사원(신입 또는 경력 입사) 채용 후 출근 시 회사생활에 조기 적응할 수 있도록 조직문화와 담당 직무 설명 등에 대해 입문교육을 1일-3일 정도 실시합니다.

입문교육 1일-3일 일정은 회사 상황에 따라 다르게 실시할 수 있으나 필히 실시하여 신규사원(신입 또는 경력 입사)이 조직문화에 조기 적응하고, 직무수행 시 필요사항을 배양함으로써 소속감 고취 및 동료애 형성 등을 갖도록 지원해야 합니다.

신규사원(신입 또는 경력 입사)이 입문교육 종료하고 담당 부서 배치 시 3개월 시용 수습 기간을 적용하여 실무능력, 태도, 자질, 팀워크(협조성), 기타 취업규칙에서 정하는 사유 등을 종합적으로 평가하여 급여 & 복리후생 업무를 수행하기 부적격하다고 판단되는 경우 채용을 취소하는 것이 좋습니다.

급여 & 복리후생 업무대행은 급여 등 제 보상 지급, 소득세 등 매월 원천징수 납부, 사회보험 취득과 상실 및 사회보험료 납부 등 실무처리 과정에 실무자 상호 간 유기적으로 연관되어 있기에 팀워크를 기본으로 업무를 수행해야 합니다.

그런데 급여 & 복리후생 업무에 부적합한 인력을 채용 시 팀워크에 심각한 차질이 발생하여 결과적으로 고객사 인사부서 성과향상에 기여하지 못하고 아웃소싱 회사 구성원 팀워크에도 안 좋은 영향을 줄 수 있기에 채용 부적격 인력은 채용을 취소해야 합니다.

신규사원 시용 기간 3개월 수습 기간 동안 멘토를 선임하여 급여 & 복리후생 직무 OJT를 실시하고 OJT 일지를 작성하도록 합니다.

단 경력사원도 OJT 기간은 운영하되 이미 실무가 가능한 상태이기에 시용 기간 3개월 수습 기간은 적용하지 않으며 OJT 일지 또한 작성하지 않고 즉시 실무에 투입하도록 합니다.

신입사원의 시용 기간 3개월 수습 기간 종료 시 멘토는 신입사원에 대해 '시용 기간 3개월 수습사원 실무 적응 평가표'(아래 양식 참조)에 의거 평가 결과 합격자를 대상으로 면수습을 적용, 정규직 인사발령을 실시합니다.

시용 기간 3개월 수습 기간 종료 시 평가 결과 채용 부적합 인력은 채용을 취소하는데 부당 해고가 되지 않도록 하여야 합니다.

이를 위해서는 취업규칙에 시용 기간 3개월 수습 기간을 운영함을 명기하고, 채용 모집공고 시 입사 지원자에게 안내하며, 최종 합격자 통보 시 그리고 합격자가 첫 출근하여 근로계약서 또는 연봉계약서에 서명 날인 시 시용 기간 3개월 수습 기간에 평가를 반영, 불합격자는 최종 채용을 하지 않는다는 내용을 고지해야 합니다.

□ 신규사원 입문교육 실시

신규사원 입문교육 실시 목적은 조기 조직문화에 적응하고, 담당
직무를 원활하게 수행하도록 하기 위함입니다.

입문 교육 과정	세부 추진 항목
조직문화 적응	회사 연혁 및 경영방침 소개 회의체 운영 소개, 회사 워크숍 등 행사 실시 소개 출퇴근 시간 등 근무규정 및 지침 소개 사내 직급과 호칭 소개 부서별 업무 소개 근무 빌딩 사옥 소개 등
보상 제도 및 처우 소개	회사 취업규칙 소개 인사제도 및 복리후생 제도 소개 등
필요서류 설명 및 작성	연봉 처우 설명 및 개인별 연봉 처우 현황 배포 근로계약서 작성 근로자명부 작성 영업 비밀 보호 유지 서약서 작성 정보 보호 서약서 작성 개인 정보 제공 동의서 작성 등
법정 의무교육 실시 (온라인 동영상 교육)	성희롱 예방 교육 장애인 인식 개선 교육 개인정보보호법 교육 퇴직연금 교육 등

신입사원 부서와 직무 배치 시 멘토를 선임하여 신입사원이 담당
실무에 조기 적응하도록 실무 OJT를 실시합니다.

신입사원은 매일 교육과 수행한 일에 대한 OJT 일지를 작성하여
멘토의 결재를 받도록 하며 멘토는 OJT 일지를 확인하고 추가 지도
또는 지원하여 신입사원이 회사생활에 조기 실무를 수행할 수 있도
록 양성해야 합니다.

신규 입사자 중 신입사원은(경력 입사자 제외) 시용 기간 3개월 수습 기간이 종료되기 1주일 전에 시용 기간 3개월 수습사원 '실무 적응 평가표'를 평가하여 평가 결과 점수가 특정 점수 미만일 경우 채용 불가(해고)를 본인에게 고지해야 합니다.

人 秘

OJT - 최종 평가

시용기간 3개월
수습사원 실무적응 평가표

1. 본 평가표는 취업규칙 제ㅇ조에 의거 정식사원으로의 채용을 위해 시용 기간 수습사원의 직업 능력과 업무능력 등을 평가하기 위한 것입니다.

2. 시용 기간 실무 적응 평가항목 점수가 "60점 미만"이거나 지도 관찰 항목이 "부족"에 해당할 경우 정식사원으로 채용되지 아니함을 각별히 유의하시기 바랍니다.

작성일자 : 201 년 월 일

성 명		(印)	입사일자	201 년 월 일
담당직무			평가기간	201 년 월 일 - 201 년 월 일
평 가 자 서 약	평가표는 시용 기간 수습사원의 정식 채용 여부에 중요한 기초 자료로 사용되는 것이므로, 공정하게 평가하여 피평가자가 부족한 점을 개선하는 데 도움이 되게 할 것임을 엄숙히 서약합니다.			
	1차 평가자			(印)
	2차 평가자			(印)

※ **평가 시 주의 사항 :**
☐ 본인 평가는 각자에 대해서 냉철하고 엄격하게 판단하여 작성하시고
☐ 1차, 2차 평가자는 객관적이고 공정하게 평가하시기 바랍니다.

- 본인 평가 : 수습사원 본인이 직접 평가 후 1차 평가자에게 제출.
- 1차 평가자 : 지도 사원
- 2차 평가자 : 담당 대리 (직접 멘토인 경우 1차 평가는 제외함)
- 3차 평가자 : 최종 의사 결정권자 (인사부문 임원)

● 근무 평가 항목

항 목	평 가 내 용	가중치 (점수)	평 가 자		
			본인	1차	2차
OJT [20점]	· **OJT 일지**: 지도 사원 가르침에 성실하게 이행하려고 교육 시 별도 메모한 후 OJT 일지를 작성하며, OJT 계획 대비 실적(작성, 이해, 문의, 수명 업무보고 등)은 양호하고 향후 업무 수행 時 업무에 활용 가능하게 작성하고 있는가?	10~1점			
	· **발표회**: 자신의 능력 개발을 위해 OJT 발표회 준비를 지속적으로 준비하고 있는가?	10~1점			
기 본 인 품 및 자 세 [40점]	· **주인의식**: 정직하고 사명감이 충만한 자세로 성실히 본분을 다하며, 업무를 책임감 있게 처리하고 결과에 스스로 책임지려하는가?	10~1점			
	· **도덕성**: 회사생활에 올바른 가치관과 태도로 기본(근태/자세/태도 등)과 원칙을 준수하며 동료/고객을 존중하고 실천하는 자세인가?	10~1점			
	· **열정**: 당사 설립(운영) 목표를 이해하고 실천하며 목표 달성을 위해 최선을 다하고 업무에서 항상 최고를 지향하여 회사 발전에 기여하려는 의지가 충만한가?	10~1점			
	· **팀워크**: 상호 이해와 존중으로 공동 목표를 향해 적극 협력하고 참여하며, 동료와 원만한 인간관계를 위해 동참 노력과 선배의 지시 업무를 이해하고 마찰 없이 처리하려고 노력하는가?	10~1점			
업 무 지 식 및 의 욕 [30점]	· **업무지식**: 자기 분야에 최고를 추구하겠다는 프로정신으로 업무 수행에 필요한 · **法 지식**(근로기준법/소득세법/사회보험법), · **OA**(MS-Office) 스킬 등을 습득하기 위하여 매일 자기학습에 적극 노력하고 있는가?	10~1점			
	· **실행력/책임감**: 자신의 업무 목표를 인식하고 단지 말뿐이 아니라 적극적으로 신속하게 일을 끝까지 행하여 보고하며, 자신의 일에 긍지와 자부심을 가지고 주어진 과업을 시간 내에 완수하려는 자세를 가지고 있는가?	10~1점			
	· **고객서비스**: 고객(고객사/상사/동료 등)이 가장 원하고 바라는 것이 무엇인지에 항상 관심을 갖고, 고객사의 요구를 불평/불만/험담 없이 최선의 서비스를 제공하려고 노력하는가?	10~1점			
교 육 [10점]	· **교육이행**: 수습사원 필수 교육(근로기준법, 회계 사회보험법 등)을 매일매일 성실하게 학습하고 교육 결과 우수한 성적으로 이수하였는가?	10~1점			
계		**100점**			

● 지도 관찰 항목 [1차, 2차 평가자가 기록함]

항 목	관찰결과(해당 항목 번호 기록)	1차	2차
건강 및 체력	1. 건강해서 상당한 격무도 가능하다. 2. 건강은 보통이나 어느 정도 무리는 가능하다. 3. 평소 업무는 좋으나 무리는 곤란하다. 4. 평상의 업무를 수행하기에 건강이 좋지 않다.		
성품 대인관계	1. 쾌활하고 진취적이다. 2. 조용하고 내성적이다. 3. 과민하고 비사교적이다. 4. 별 특징이 없이 평범하다.		
직무 적합성	1. 직무에 적합한 자세/태도/기본 지식을 보유했다. - 정직, 배려심, 존중감, 서비스 마인드, MS-오피스 능력 등 2. 직무교육 등을 강화하면 담당업무를 수행할 수 있다. 3. 급여 & 복리후생 직무수행에 적합하지 않은 편이다. 4. 자세/태도/인성 등이 급여 & 복리후생 업무를 수행하기에 적합하지 않다. (고객사 담당업무에 배치가 어렵다.)		

● 평가 의견

	평가자	평 가 의 견 기 술
평가 의견	1차 평가자	
	2차 평가자	
	최종 의사 결정권자	

● 평가 등급

	본인 평가 등급	1차 평가 등급	2차 평가 등급	결 정
평 가 등 급				
평가자	(印)	(印)	(印)	(印)

※ 평가 환산점수 기준 평가 등급
- S: 95점 이상, A: 90~94점, B: 80~89점, C: 60~79점, D: 51~59점, E: 50점 이하

둘째, 신입사원을 포함한 기존 재직자의 역량 향상을 위한 실무역량 향상 교육과정입니다.

급여 & 복리후생 업무 실무자의 역량 향상을 도모하기 위하여 실무 관련 교육과 실무 관련 자격증 취득으로 이원화하여 지원합니다.

먼저 실무자 역량 향상 교육과정으로 신입사원 필수 공통 교육 이수과정, 재직자 공통 교육 이수과정 및 선택 교육 이수과정으로 실시합니다.

□ 신입사원 및 재직자 전원 교육 이수과정 현황

구 분	필수 교육 이수 과정	교육 형태	선택 교육 이수 과정	교육 형태
신입 사원	근로기준법 교육 회계 기초과정 교육 사회보험법 교육	온라인	노동법 과정 근로기준법 과정 임금관리 실무 과정 4대 사회보험 심화과정 고용보험 실업급여 과정 퇴직연금 과정 소득세법 등 과정 원천징수 실무 과정 부가가치세 실무 과정 커뮤니케이션 과정 시간관리 교육과정 실무 엑셀 과정	위탁 교육 및 온라인
재직자 전원	연말정산 교육과정 교육	위탁 교육 및 온라인		
	법정 의무교육 - 성희롱 예방교육 - 장애인 인식 개선 교육 - 개인정보보호법 교육 - 퇴직연금 교육 - 직장내 괴롭힘 예방교 육 등	온라인		
간 부	리더십 교육과정 교육 소통 과정 교육 면접위원 평가 과정 교육	위탁 교육 및 온라인		

필수 교육과정은 전원 이수하여야 하며 선택 교육은 대상자 본인이 선택하여 이수하면 됩니다.

선택 및 필수 교육 이수과정은 실무 관련 교육을 대상으로 하며 근무시간 중 위탁 교육 참석은 유급으로 합니다.

실무 유관성이 없는 개인의 관심 분야는 회사에서 비용을 지원하지 않으며 근무시간 중 유급 교육 참여가 불가합니다.

셋째, 매년 연초 업무계획 수립 시 각 직급별 교육 이수과정을 안내하고 연간 교육 이수 목표 과정을 미충족 시 개인 평가에 반영하여 교육 참여 독려로 구성원의 역량을 상향 평준화 도모합니다.

□ 연간 교육 이수과정 운영 현황

교육과정		직급	교육 이수과정	교육 형태별 참석 과정		
				온라인	외부 위탁 교육	
				웹 교육	상공회의소	외부 위탁
리더십 과정	리더십 소통	주임 이상 (4년 차 이상)	3개 과정	1개 과정	1개 과정	1개 과정 (대리급 이상 온라인 교육 대체 가능)
실무교육	노동법 사회보험 소득세법	사원	3년 이상 4개 과정		2개 과정	
OA 과정	엑셀		3년 미만 5개 과정		3개 과정	
외부 위탁 교육 참석자 계획서 및 결과 보고서 작성 결재를 득함		외부 위탁 교육 과정 참석자는 교육 참석 전 위탁 교육 계획 품의서를 작성 결재 득한 후 교육과정을 참석하고, 참석 후 위탁 교육 결과 보고서를 참석자 본인이 직접 작성하여 보고토록 한다.				

넷째, 직무수행에 필요한 자격증 취득을 지원하는 것입니다.

급여 & 복리후생 업무 실무자의 역량 향상을 도모하도록 실무 관련 자격증 취득을 위한 교육 비용 전액을 회사에서 지원합니다.

그리고 실무자가 관련 자격증을 취득하면 자격증 수당 지급으로 동기부여하도록 하고, 자격증 취득 교육과정 지원 종료 후 6개월 이내에 자격증을 미취득하면 회사 지원 비용 중 50%를 개인이 부담합니다.

매 연말 인사고과 평가 시 교육과정 의무 이수점수에 미달자는 가점에서 제외하도록 함으로써 실무자가 역량 향상에 매진하도록 교육정책을 운영합니다.

- 회사에서 지원하는 자격증 교육 과정 :
  사회보험 관리사 2급/3급
  ERP 인사 정보관리사 2급/3급
  ERP 회계 정보관리사 2급

- 개인이 직무수행을 위해 자체 취득 :
  MOS master 구분
  워드프로세서 2급
  전산회계 1급, 2급
  컴퓨터 활용능력 2급

급여 & 복리후생 업무 아웃소싱 회사의 구성원 보상 처우와 인사고과 평가 등은 어떻게 실시합니까?

급여 & 복리후생 업무 아웃소싱 회사의 실무자에 대한 보상 처우는 연봉제를 원칙으로 하며 연봉 수준은 동종업계 보상 수준에 준하여 실시합니다. 또한 인사고과 평가는 각 직급별 역량 체계를 구축하여 공유하고 구성원의 성과보상을 원칙으로 평가(상대평가 또는 절대평가)를 실시합니다.

첫째, 실무자 보상 처우 운영 및 적용입니다.

실무자 보상 처우는 월 급여, 제 수당, 상여금 그리고 복리후생 지원으로 구분하여 적용하며 기업의 지불 능력을 고려하고, 동종업계 동등 수준을 적용하여 이직을 방지하며 우수인력에 대한 동기부여를 제공하여 지속성장에 기여하는 핵심인재로 성장할 수 있도록 합니다.

□ 급여 & 복리후생 실무자 보상 처우 항목

보상 처우 구성항목		보상 처우 세부 책정 사유
연봉	기본급	과거부터 현재까지 회사에 대한 공헌/실적에 대해 지불하고, 회사의 성장 시 성과 기여도에 대하여 지불한다.
	지급 지수	연봉은 지급 지수를 12분할로 하여 매월 지급함으로 연봉제 성격을 준용하고, 임직원 신뢰도를 높인다.
제 수당	직무수당, 직급수당	어떤 직무를 수행하느냐, 어떤 직급에서 책임을 부담 하느냐로 지불하며 과거 이력은 상관이 없고, 현재 직무수행과 관련 있으면 그 직무를 수행하지 않으면 수당 지급에서 제외한다.
상여금	설 상여금 추석 상여금	연봉에 포함될 수 있으나 은혜적인 성격으로 명절에 지급 일자 기준 재직자에 한해 지급하도록 하며, 매년 회사 경영상황을 반영 지급 여부를 결정한다.
인센티브	성과급	기간별 직무수행 시 성과에 대해 높고 낮음으로 평가하여 지불하며, 매년 성과에 대한 평가이기에 매 연말 경영 성과에 이익이 있을 시 한하여 지급한다.
복리후생 제도	법정 복리후생 (사업주 의무)	4대 사회보험: 건강보험, 국민연금, 산재보험, 고용보험
	법정 외 복리후생 (사업주 의무 아님)	기업이 구성원과 그 가족의 생활 수준을 증진시켜 근무의 효율성을 높이고자 임금(근로에 대한 대가) 외에 기업이 운영하는 여러 복지정책과 시설을 지원할 수 있다. – 식대, 자녀 학자금 지원, 임직원 의료비 지원, 경조 휴가 및 경조금 지급, 장기근속 휴가 및 휴가비, 통근 버스, 명절/생일/창립기념일 등 선물 지급, 편의 시설, 주택 시설, 보건위생 시설, 교육 시설 등 기업이 종업원과 그 가족의 생활 수준을 향상시켜 근무의 효율성을 높이고자 임금 이외에 마련하는 여러 복지 정책.기업이 종업원과 그 가족의 생활 수준을 향상시켜 근무의 효율성을 높이고자 임금 이외에 마련하는 여러 복지 정책.

둘째, 구성원 인사고과 평가 반영입니다.

인사고과 평가 목적은 매 연말 평가를 실시하여 우수 성과자에게
는 추가 성과급 지급 또는 익년도 연봉 조정 시 추가 인상 등을 통
한 동기부여를 제공하고, 저성과자에게는 코칭과 교육 등을 통해 회

사 성장에 역량을 발휘하여 기여할 수 있도록 하고, 익년도 승진과 연봉 조정 시 평가 결과를 반영하는 데 목적이 있습니다.

인사고과 평가를 위해서는 평가 기준을 수립하고 매 연초 평가 기준을 구성원에게 공지 후 구성원 개인별 업무 목표를 설정하고, 중도에 목표를 점검 또는 수정한 후 매 연말 목표 달성도를 평가하여 반영하는 것입니다.

□ 급여 & 복리후생 실무자 인사고과 목표 설정 및 평가 적용 예시

평가 항목	세부 평가적용	성과 향상 기여도	평가 가감점
업무개선	고객사 전체 효과: 고객사 인사제도 연계	30% 이상 효율화	5점-1점 가점
	고객사 인사 전산 시스템 또는 업무 개선	타사 공통적용	
	고객사 인사 보상 제도 개선	담당 회사 적용	
	실무수행 시 法 변경 시 선제적 대응	담당 회사 적용	
조직 & 팀워크 향상 업무 기여	업무 기여 항목 회사 전체 팀워크 향상 기여		3점-0.5점 가점
	출산휴가가 업무대행 기여		
	신규회사 조기 안정화 업무지원 기여		
	고객사 방문 전체 교육으로 기여		
	고객사 보상담당자 OJT 교육		
	회사 업무대행 관련 업무 선제적 정보 공유		
고객사 자료 제출	지급 일자 기준 D-3일 전 제출		0.5점
	지급 일자 기준 D-1일 전 또는 당일 제출		-0.5점
고객사 방문	매년 짝수 월 방문: 기본 6회 이상 방문 (고객사 지원 강화 필요사항 및 경영현황 등 관련 이슈를 파악)	고객사 방문 후 보고서 작성	2점
	기본 6회 방문 미달		-0.5점 (미달 1회)
교육 이수	각 교육 이수 과목 가점(단, 외국어 등 실무 무관은 제외)		0.5점
업무 착오 (시말서, 사유서 등)	업무 오류/착오 시 미보고	회사 신뢰도 저하	-5점
	업무 오류/착오로 회사 공식 대응		-2.5점
	업무 오류/착오로 서비스 신뢰 차질		-1점

- 개인별 평가 목표 수립: 매년 연말정산 결과 세무 신고가 완료되는 3월 실시
- 개인별 평가 결과 적용: 매년 말 성과평가 후 회사 경영상 이익 발생 시 성과급 지급 여부 결정

내부 분사 아웃소싱 법인의 급여 & 복리후생 업무 실무자가 고객사로 전직 시 아웃소싱 법인에서 고려할 사항은 무엇이 있습니까?

내부 분사 아웃소싱 법인에서 고객사(모회사)의 급여 & 복리후생 업무 수행 과정에 실무자의 역량과 자세 등이 탁월함으로 고객사(모회사) 인사부서 결원 시 아웃소싱 실무자를 고객사로 전직을 요청하는 경우 아웃소싱 법인의 대응 관련 유의할 사항입니다.

첫째, 내부 분사 아웃소싱 신규 법인 출범 후 5년 차 이내에는 실무자를 고객사(모회사)로 전직을 지양함이 좋습니다.

내부 분사 아웃소싱 법인에서 급여 & 복리후생 실무자가 신입 입사 후 1,000명 정도 고객사를 단독으로 전담하여 아웃소싱 업무 전체를 ONE-STOP 서비스 수행하려면 평균 만 2년 정도 실무경력이 필요합니다.

즉, 내부 분사 아웃소싱 신규 법인은 고객사의 업무대행 수수료로 운영되기에 인력 구조상 충분한 양성인력을 가져갈 수 없는 구조입니다.

이런 인력 구조에서 고객사를 전담할 수 있는 실무자를 전직시키고 신입으로 대체하여 배치할 경우 고객사 업무대행 서비스 만족도에 심각한 차질이 발생할 수 있습니다. 이는 고객사 인사부서를 위해서도 결코 바람직한 현상이 아닐 것입니다.

단, 내부 분사 아웃소싱 법인이 아닌 일반 아웃소싱 회사 경우에는 실무자가 개인 퇴직 후 이직을 할 것임에 이는 아웃소싱 회사와 개인 모두 자유로운 현상으로 아웃소싱 법인은 실무자 퇴직 시 고객사 업무대행 서비스에 차질이 발생하지 않도록 대안을 가지고 있어야 할 것입니다.

둘째, 모회사(고객사)에서 내부 분사 아웃소싱 법인의 실무자를 전직 요청 시 대상자가 전직을 희망할 경우에 한하여 실시하여야 합니다.

고객사(모회사)에서 아웃소싱 법인의 실무자를 전직 요청 시 대상자가 희망하지 않았는데 아웃소싱 법인의 경영층이 대상자를 설득하여 전직한 이후에 대상자가 근무 부적응 등으로 퇴직할 경우 아웃소싱 법인의 조직 및 인력 관리에 심각한 영향을 가져올 수 있기 때문입니다.

상기와 같은 상황이 발생 시 아웃소싱 법인의 구성원은 회사 경영층이 회사를 위해 직원을 희생했다고 생각하기에 경영층에 대한 신뢰와 믿음 저하로 이직 기회가 되면 언제라도 이직하겠다는 분위기가 발생하여 조직을 원활하게 이끌어 갈 수 없기에 모회사(고객사)에서 실무자 전직을 요청 시 희망자에 한해 전직을 실시해야 합니다.

셋째, 아웃소싱 법인의 실무자를 모회사(고객사)에서 전직 요청하여 전직하더라도 보통은 현재 직무 수준에서 업무를 수행함을 유의해야 합니다.

모회사(고객사)에서 내부 분사 아웃소싱 법인의 실무자를 전직 요청 결과, 희망 대상자가 전직하더라도 모회사(고객사) 인사부서에서 실무수행은 CDP(경력 개발 제도)에 의한 양성 차원보다 전직 당시 직급에 준해 실무를 추진함이 대부분임을 대상자에게 사전에 공유해야 합니다.

내부 분사 아웃소싱 법인의 급여 & 복리후생 업무 실무자가 모회사(고객사) 인사부서로 전직하더라도 직무는 전직 후 특별하고 뛰어난 역량을 보유하고 있지 않은 한 모회사(고객사) 인사부서 업무 중 아웃소싱 법인 업무 담당 창구 또는 기존 인사부서 직원을 지원하는 하위 업무 등을 수행할 가능성이 높음에 반드시 사전에 수행 직무와 CDP 지원 등을 참고하여 전직해야 합니다.

왜냐하면 모회사(고객사) 인사부서 내 직무 수행자 중 CDP(경력 개발 제도) 차원에서 인사부서 내 핵심직무 대상 직무순환을 하는 대상자는 대부분 대졸 공채 등으로 입사한 자를 대상으로 하기 때문입니다.

아웃소싱 회사의 실무자가 모회사(고객사) 인사부서로 전직 후 근무 시 직무수행, 직급 부여, 승진, 성장 지원 CDP 등 관련 사항에 대해 사전에 명확한 안내가 없을 경우 전직 후 근무 과정에 만족도 저하로 퇴직할 수 있기에 전직 과정에 담당 직무, 부여 직급, CDP 지원 등에 대해 사전에 명확한 정보를 안내함이 중요합니다.

〈용어 설명〉

- CDP (Career Development Plan, Career Development Program) 경력 개발 제도, 경력 개발 프로그램

구성원 개인이 직무 관련 성장 목표를 중장기적으로 정하고 성장에 필요한 역량과 경험 등을 직무수행 경험, 인사이동 타 직무 경험, 교육연수 등을 통해 학습하도록 하기 위한 교육 및 배치를 계획하는 프로그램입니다.

04

급여 & 복리후생 업무 아웃소싱 법인의 조직운영은 어떻게 실시하며, 직무 특성을 반영한 인력 운용은 어떻게 합니까?

급여 & 복리후생 업무 아웃소싱 법인의 조직운영은 고객사 중 가능한 동종업계(제조업, 금융업, 유통업, 통신업, 엔터테인먼트, 서비스업 등) 실무자 기준 부서(파트)를 구성하여 운영하되 1명의 간부가 4-8명의 팀원과 업무를 추진함이 가장 효과적일 것입니다.

팀원 구성이 최대 8명을 초과하면 팀장이 구성원과 소통(업무지시 및 보고), 업무지원, 양성 등에 비효율적으로 가장 최적의 팀원구성은 6명 정도가 적정할 것입니다.

일반적으로 구성원의 직급 단계 및 승진 체류 연수 운영은 사원(2-3년) → 주임(2년) → 대리(2년) → 과장(2년) → 차장(2년) → 부장(3년) → 임원 직급 순으로 운영하며 각 직급별 승진 체류 연수는 평균 2년을 적용하였으나 아웃소싱 회사의 인력 구조를 고려하여 실시함이 좋을 것입니다.

또한 채용인력의 학력은 가능한 대졸 인력을 대상으로 추진함이 인력 관리에 효율적입니다.

고졸 및 전문대졸은 근무 중 대학 진학을 사유로 퇴직률이 높기에 인력 운용의 효율을 높이기 위하여 대졸 인력을 대상으로 채용함이 효과적입니다.

그리고 급여 & 복리후생 업무 아웃소싱 회사의 신입사원 연봉 수준을 고려 시 우수 대학 출신은 가능한 채용을 지양함이 좋을 것입니다.

왜냐하면 우수 대학 출신자는 입사 후 고객사의 동등 대학 수준 구성원과 처우 등 비교로 업무 몰입도가 저하되어 동료와 협업 등에 차질이 발생하고 보통 퇴직금이 발생하는 근속 1년 이후 많이 퇴직을 합니다.

이와 같은 경우 인력을 양성하여 실무에 본격 투입하려는 1년 차 시기에 퇴직하여 아웃소싱 회사의 서비스 경쟁력 구축 및 제공과 인력 운영 등에 차질로 회사에 큰 손실이 발생하기 때문입니다.

05

신규 고객사에서 급여 & 복리후생 업무 아웃소싱 관련 제안서 제출 요청 시 아웃소싱 법인에서 제안서 제출을 위한 관련 정보 사전 현황 조사는 어떤 항목으로 실시합니까?

급여 & 복리후생 업무 아웃소싱 업체에서 고객사로부터 제안서 제출 요청을 받을 시 제안서 제출을 위한 정보를 아래와 같이 파악하면 됩니다.

- 업 체 명:
- 업체 소재지:
- 고객사 업무 담당자:

□ 고객사 인원 현황

	정 규 직				비정규직 – 월급제( ) – 시급제( )	계
	임원	간부	사원			
			월급제	시간급제		
인원						

- 인사 전산 시스템: 자체 시스템 보유(　), 외부 패키지 시스템
 (시스템 이름: 　　), 미보유(　)
- 업무대행 요청 시기:
- 매년 임금(연봉) 조정 시기: 매년　월　일
- 급여(임금) 지급 일자: 매월　일
- 보상 지급 형태: 연봉제 (　), 연공급제 (　), 연봉제+연공급제
 복합운용 (　)

□ 고객사 제 보상 지급 형태 현황

		임원	정규직	비정규직	비고
연봉 지급 지수					
상여금	6월 12월				
	설날 추석				
인센티브(성과급)					
연차수당					
기타-1 :					
기타-2 :					

- 업무대행 시 프로세스:
 아웃소싱 회사 사무실에서 온라인 업무대행
 - 업무대행 자료 제공: 先 온라인 제공, 後 등기우편 등 발송
 - 업무대행 세부 항목: 업무대행 제안서 참조

□ 급여 & 복리후생 업무대행 범위 현황 파악

		지급(적용) 유무	세부 내용
제 지급금	월 급여		
	상여금		
	인센티브		
	연차수당		
	퇴근 교통비		
	주식배당금		
	가압류 처리		
	외국 국적자 근무		
	해외법인		
	근태 처리		
	공제금 반영		
	기타 :		
	기타 :		
퇴직금	퇴직금 정산		
	퇴직 보험 청구		
	퇴직금 추계액 산정		
	퇴직금 미수금 회입		
연말정산	연말정산 실시 안내		
	연말정산 교육		
	연말정산 자료 취합		
	연말정산 실시		
	연말정산 세무 신고	– 신고자료: 乙 제공 – 원천세 등 세무 신고: 甲 실시	
사회보험	사회보험 가입/상실 관리		
	사회보험 공제관리		
	사회보험료 납부지원		
복리후생	학자금, 의료비, 부임비 근속휴가비, 개인연금 주택 대부이자 지원,		
	기타:		
	기타:		
증명서 발급	제 증명서 발급		
	원천징수 영수증 발급		
노조회비	노조회비 공제		
기 타			

06

기업의 인사부서 업무 중 급여 & 복리후생
업무 아웃소싱 추진 시 아웃소싱 가능 업무와 불가
업무(기업 인사부서 직접 수행 업무)는 어떻게 됩니까?

□ 급여 & 복리후생 업무 아웃소싱 추진 시 가능 업무

구 분	세부 서비스 내역
제 지급금 - 급여 - 상여금	월 급여, 상여금 정산/지급 & 제 지급금 관련 은행이체 관리 업무 월 급여, 상여금 등 명세서 On-Line 제공 연차수당, 성과급(인센티브), 기타 제 수당 등 정산/지급 공제금 처리 업무 가압류 및 공탁신청(법적 발생 시 반영) 국내 근무 외국 국적자 원천세 처리 지원 급여(상여금) 등 품의서 外 리포트 제공 - 품의서, 인건비 증감 현황(전월 & 개인별) - 매월 제 보상 예외자 및 공제 현황 등
퇴 직 금	퇴직금 정산자료 및 명세서 제공 퇴직연금제도 운용 지원 업무 퇴직금 정산 서류 개인 우편 발송 매월 퇴직금 추계액 정산 품의서 제공
연말정산	연말정산 교육 실시 및 매뉴얼 배포 연말정산 제출서류 취합/정리 및 재확인 연말정산 전산데이터 반영/처리 연말정산 부당공제 세무서 대응 업무 연말정산 결과 신고자료 품의서 제공
사회보험	건강보험, 국민연금, 고용보험 취득/상실 및 보수 총액 신고 관리 매월 사회보험 공단 청구분 정산자료 제공 각 보험료에 대한 예수금 관리 자료 제공 건강/국민/고용보험 등 납부 품의서 제공 산전후 휴가비 및 육아휴직 지원금 등 신청 지원
복리후생	사내 복지 기금 업무: 제도 운용 시 지원

기 타	복리후생 지원금 지급 업무: 연말정산 시 과표 포함 복리후생 지원금 전부 - 학자금, 의료비, 부임비, 근속휴가비 등 주택대부이자 등 지급 및 과표반영 복리후생 지원금 지급 관련 품의서 제공 제 증명서 발급: 온라인 or 社印 별도 비치 해외법인, 해외사무소, 주재원 업무지원 - 소득세법, 근기법 기준 법적 이슈 제공

□ 아웃소싱 업무대행 불가 업무: 고객사인 기업의 인사부서에서 직접 실시하는
업무입니다.

업 무 구 분		고객사 자체 직접 수행업무 세부 현황
매월 예외자 통보	신규 입사자 통보 인사발령자 통보 공제금 자료 제출	신규 입사자 개인 정보 관리 인사발령자 개인 정보 관리 식대 등 급여공제 자료 매월 제공업무
HR 관련 통계 업무	매월 인력 현황 통계자료 (재직자, 퇴직자)	대외(노동부 등), 대내외 매월 관련 부문 요청 통계자료 등
실비 변상 & 과표 제외 지원금	우리사주	우리사주 관리 및 현금 배당금 운용 업무
	지원금 또는 실비 지원금	경조금, 출장비 등 과표 제외 지원금 또는 실비 지원금
	도급 및 파견 수수료	도급 수수료 및 파견 수수료 정산 지급업무
회계 처리	회계 전표처리	인건비 지급 관련 회계 전표처리 업무
	인건비 예정원가 반영	경영계획 예정원가 반영 등 결산 관련 업무
세무 신고 제반 업무 (직/간접세)	소득세, 지방세(사업소 세) 등 신고, 납부, 실 사(대응) 관리	세무서류 작성, 신고, 납부, 실사 대응 등 업무 지방세: 각 사업장 신고 서류 작성 및 납부 서면조사 관련 작성과 제출 등 업무 원천징수이행상황 신고서 작성, 신고업무 등
사회보험료 및 퇴직 연금	사회보험료 장애인 고용 분담금 석면 피해 구제금	산재자 신고 및 산재자 휴업·요양급여 청구 업무 등 각 보험료 납부 및 청구 업무 각 보험료 공단 요청 자료 제공 및 실사 대응 업무
	아웃소싱 회사 업무대행: 각 사회보험료 납부(신고) 前 관련 정산자료 제공 업무	
	퇴직연금 가입 및 청구 업무	퇴직연금(보험) 가입과 연금 요율 통보 및 청구 업무
		- 퇴직연금 청구 업무에 한해 협의 후 아웃소싱사 수행 가능

주택대부 기초 관리 업무	대부 기관 선정, 계약 등 업무	대부 기관 선정, 계약 체결, 대부 기관 간 대출액 이관 등
	아웃소싱 회사 업무대행: 매월 급여 지급 시 주택 대부금 이자 지원금액 과표 반영 업무 - 대부 일자, 대부 원금, 매월 상환금액, 계좌관리 등 전산 인사 시스템 內 기초자료 입력 및 관리 업무는 쌍방 협의 시 아웃소싱 회사 수행 가능.	
미수금 회입 업무	정상 업무대행 결과 미수금	기업 인사부서 책임下에 미수금 회입 업무 실시
	아웃소싱 회사 업무대행 오류 결과 미수금 회입은 아웃소싱 회사 책임下에 직접 수행	
근 태	근태 집계 및 로드	매월 급여 마감 前 근태 집계 및 전산 시스템 로드 업무
연말정산	정규직/비정규직	각 개인별 기본공제 및 필요 공제 등 연말정산 서류를 국세청에서 다운로드해 전산 인사 시스템 內 로드 업무 - 개인정보보호법규 의거 구성원이 직접 실시해야 함.
해외근무자	보험료	해외법인 근무자 건강보험: 지역보험 가입 안내 해외법인 근무자 사회보험료: 개인분 회사 선납 시 미수금 관리(개인 안내 및 회입 등) 업무
	연말정산	해외근무자 기초자료(소득공제 서류) 제공 및 해외근무 시 발생소득 제공 업무와 소득세 세무 신고 업무

기업의 인사부서 업무 중
급여 & 복리후생 업무 아웃소싱 실무지침서

향후 급여 & 복리후생 업무 아웃소싱 산업 활성화로 기업의 경쟁력 강화에 기여하기 위하여 어떻게 하여야 합니까?

기업의 규모를 떠나 회사를 운영 시 인사부서 업무 중 급여 & 복리후생 업무는 기본적으로 운영해야 할 필수 경영 요소로 핵심 업무는 아니지만 중요한 업무입니다.

향후 기업의 인사부서 업무는 4차 산업혁명과 구조적 저성장기 하에서 기존의 사람 중심에서 직무 중심으로 빠르게 변화를 해 나갈 것으로 예상됩니다.

즉 기업의 인사부서 역할은 사업전략을 중심으로 필요 직무에 필요 인력을 적기 배치하고 구성원의 역량 향상과 동기부여를 도모할 수 있도록 교육과 성과평가 방법을 개발하는 인사 전문 컨설턴트 기능을 수행하게 될 것입니다.

이러한 상황에서 기업의 인사부서 업무 중 정형적이고 행정적인 급여 & 복리후생 업무는 선진국처럼 아웃소싱을 통해 기업의 경쟁력을 강화할 것입니다.

선진국의 급여 & 복리후생 업무 아웃소싱 동향과 비교하면 국내 아웃소싱 산업은 초기 단계로 1990년대 후반 IMF 외환위기 이후 2000년대 초반 대기업이 성과주의 인사제도를 도입하면서 대기업을 중심으로 내부 분사형 아웃소싱 형태가 주류를 이루고 있고, 인력 규모 300명 미만대 중소기업이 시장에서 형성된 아웃소싱 업체를 이용하고 있음이 현실입니다.

상기와 같은 아웃소싱 산업의 특징을 고려 시 향후 급여 & 복리후생 업무 아웃소싱 산업이 활성화되기 위해서는 다음과 같은 요건을 갖추어야 할 것입니다.

첫째, 내부 분사형 아웃소싱 회사는 모회사(고객사) 위주 업무대행 서비스 제공에서 외부 기업까지 서비스를 제공할 수 있는 아웃소싱 기업으로의 전환이 요구됩니다.

내부 분사형 급여 & 복리후생 업무 아웃소싱 회사가 특정 모회사(고객사) 그룹의 의존도를 벗어나 보다 다양한 기업으로 서비스 권역을 확대함으로써 아웃소싱 서비스의 전문성이 높아지고 보유한 경쟁력 높은 서비스를 이용 기업에 제공함으로써 인사부서 성과향상에 기여하는 선순환으로 아웃소싱 산업을 확장시켜 나가야 할 것입니다.

둘째, 급여 & 복리후생 업무를 아웃소싱하는 기업에 비용 절감 효과를 제공하는 것은 기본으로 인사부서의 핵심 업무 역량 발휘에 기여하는 전문적인 서비스를 제공해야 할 것입니다.

국내 급여 & 복리후생 업무 아웃소싱 산업이 성장 및 발전하기 위해서는 비용 절감 아웃소싱 효과 이외에도 제 보상 전문 컨설팅, 보상 부문 법적 사항(근로기준법, 사회보험법, 소득세법 등) 변경/개선 시 선제적 서비스 제공으로 의사결정 지원, 제 보상 정산 및 지급 프로세스 개선 등 전문적인 서비스를 제공할 수 있는 경쟁력을 확보해야 할 것입니다.

셋째, 급여 & 복리후생 업무 아웃소싱 업체 구성원의 역량 향상을 통해 아웃소싱 회사의 경쟁력을 확보해야 합니다.

급여 업무는 실무 특성상 관련 업무를 모두 수행하려면 1년이 소요됩니다. 즉 최종 연말정산 이후 소득세 신고가 종료되어야 급여 관련 제반 업무를 1회 수행하게 된다는 것입니다.

결과적으로 급여 실무자는 양성 기간이 길게 소요되며 평균적으로 최소 만 2년은 수행해야 스스로 의사결정이 가능하며, 만 3년은 수행하여야 고객사에 선제적 서비스를 제공할 수 있는 역량 수준이 됩니다.

그렇기에 급여 & 복리후생 업무 아웃소싱 회사의 구성원은(급여 실무자) 고객사에 업무대행 서비스를 제공하는 과정에서 필요 전문 역량이 성장할 수 있도록 육성 프로그램을 운영해야 합니다.

또한 대부분 급여 & 복리후생 업무 아웃소싱 기업의 구성원은 고객사 인사부서와 처우 비교 시 상대적으로 낮기 때문에 종업원 지주제도 등 인센티브 제도 도입으로 동기부여와 장기근속 유도가 필요합니다.

넷째, 급여 & 복리후생 업무 아웃소싱 업체는 업무대행 서비스에 대한 고객사의 만족도를 평가할 수 있는 지표를 개발하여 업무대행 서비스 개선에 활용과 고객사와 재계약 시 단가 조정(인상)에도 반영할 수 있도록 하여야 합니다.

급여 & 복리후생 업무대행 만족도 평가 시 평가의 신뢰도를 높일 수 있도록 평가항목을 표준화하여 수립하고, 평가 결과를 업무대행 재계약 시 인센티브 지급 여부에 반영할 수 있도록 하는 등 급여 & 복리후생 업무대행 경쟁력을 강화하는 형태로 운영한다면 국내 기업의 급여 & 복리후생 업무대행 확장에 신뢰도를 높일 수 있을 것이고, 결과적으로 급여 & 복리후생 업무 아웃소싱 산업의 활성화를 도모할 수 있을 것이라 확신합니다.

기업의 인사부서 업무 중
급여 & 복리후생 업무 아웃소싱 실무지침서

CJ그룹 인사 부문 아웃소싱 운영사례
- 경영자총협회 기고문

CJ그룹 인사부문 아웃소싱 운영사례

이 승 호
(휴먼파트너컨설팅 팀장)

Ⅰ. CJ그룹 HR부문 아웃소싱 실시 목적

　CJ그룹은 CJ제일제당에서 2001년 3월 인사부문 급여관리(급·상여, 퇴직금, 년월차), 사회보험, 복리후생(학자금, 의료비, 콘도, 건강검진, 카페테리아 등) 업무에 대해 내부분사화 형태로 아웃소싱을 추진하였다. 국내 대기업 중 HR 급여부분 아웃소싱은 CJ제일제당이 처음 시도를 하였으며, 이후 포스코, 태평양 등에서 벤치마킹 후 각 기업특성에 맞도록 특화하여 HR부문 아웃소싱을 도입하였다.

　CJ제일제당 인사부분 아웃소싱 추진배경은 아래와 같이 크게 2가지로 요약할 수 있다. 첫째, 1997년 IMF(외환위기) 이후 경영 패러다임 변화에 따라 직무역량 성과주의에 기초한 인사제도 도입

시, 인사부분 역할과 전문성 강화를 위해 새로운 미션을 재정립하였다. 즉, 인사부문이 현업의 비즈니스 파트너로서 경영진에게는 인사적 의사결정을 자문하고 현업의 리더들에게는 성과향상을 위한 도구와 시스템을 지원하며, 임직원개개인에게는 하고 싶은 일을 잘할 수 있도록 자기평가와 개발, 선택의 기회를 제공하기 위하여 정형적·행정적인 인사업무에 대해서 아웃소싱으로 전환하는데 의사결정을 하였다. 둘째, 급여관리와 복리후생 업무의 아웃소싱을 CJ그룹 전 계열사로 확대하여 인사부분의 효율증대, 급여관리와 복리후생 실무 전문성 제공, 대 임직원 인사서비스 강화 등으로 인사부분

에 대한 만족지수를 높이기 위해서이다.

또한, 직무역량 성과주의 인사제도(연봉제)의 확대·심화에 따른 연봉보안의 중요성이 강화된 것 등이 아웃소싱을 추진한 배경이라고 할 수 있다.

Ⅱ. 내부 분사화 형태의 아웃소싱 추진

급여관리와 복리후생 업무 아웃소싱 추진방법은 인사부문 조직을 기능적인 관점보다 프로세스 관점에서 상호연계성을 보고 전략적인 중요도와 리스크를 분석하여 선택과 집중을 도모하여 최종적으로 부가가치창출 여부를 반영하였다.

그리고 성공적인 아웃소싱을 위하여 업무단위 R&R 정립으로 책임과 권한을 명확히 하고, 궁극적으로 전문서비스를 제공할 수 있도록 내부 분사화하여 상호 Win-Win의 파트너쉽을 가질 수 있도록 하였다.

아웃소싱 회사설립은 CJ그룹에서 완전 분리하여 개개의 독립된 법인회사, 즉 분사개념으로 운영하고 있으며, 법인설립 자본금은 신설법인 임직원이 전액 출자하여, 향후 본격적인 CJ그룹사 및 대외 영업확대 시 법적 사항(공정거래법 등)을 준수할 수 있도록 하였다.

아웃소싱 회사 인력구성은 회사의 대표, 실무추진 인력에 대해 CJ제일제당에서 실무수행 경험과 향후 CDP(경력개발계획)을 고려하여 전문인력 선정 후, 개인의사를 반영하여 전환하는 것을 원칙으로 출범하였다.

CJ그룹 급여관리와 복리후생 업무 아웃소싱사는 (주)휴먼파트너를 별도법인으로 출범을 하였으며, 아웃소싱 회사는 현재 CJ그룹 36개 회사, 외부회사 5개 회사를 포함하여 총 41개 회사의 약 2만명을 대상으로 서비스를 제공하고 있으며, 사무실은 CJ본사빌딩 4층에 위치하고 있다.

<표 1> CJ그룹 업무대행 항목

급여/상여금 지급	퇴직금	연말정산	사회보험	복리후생

▶ 월급여/상여금 지급
▶ 인센티브(성과급)
▶ 년차수당
▶ 잔업비(과표포함)
▶ 각종공제금 공제
  및 납부지원
▶ 제지급금 은행이체
▶ 해외법인 포함
	▶ 퇴직금(중간)정산
	▶ 퇴직금추계액 선정
	  매월 보고
	▶ 퇴직금 정산서류
	  개인우편 발송
	▶ 퇴직보험금 청구
	  서류작성 지원
	▶ 근로(퇴직)원징동
		▶ 안내문 발송
		▶ 연말정산 수행
		  (서류확인, 처리)
		▶ 세무신고 관련
		  전산매체 지원
		▶ 개인별 원천징수
		  영수증 발급
		▶ 경정청구 업무
			▶ 사회보험 취득/상실
			▶ 보험료공제&신고
			▶ 보험료납부보고서
			  작성 (품의서)
			  - 건강보험
			  - 국민연금
			  - 고용보험
			▶ 매년초 산재/고용
				▶ 복리후생 지원금
				  정산, 지급
				  - 학자금, 부임비,
				    의료비, 개인연금,
				    주식배당금, 주택
				    대부이자 등
				▶ 제증명서 발급
				▶ 보험관리 업무지원
				  - 해외주재원보험

상기 업무대행시 각항목별 Report, 지급일 기준 D-2일前 제출
매월 원천징수 신고자료 지원 (원천징수이행상황신고서)

Ⅲ. 아웃소싱 실시분야 및 운영 특징

구체적인 아웃소싱 서비스 분야는 보상지급과 관련된 제반 업무(급여지급, 퇴직금, 연말정산, 사회보험, 복리후생, 카페테리아제도 등)를 대상으로 하고 있다(<표 1> 참조).

또한 인건비 지급에 관한 재무/회계관리 사전업무 지원기준으로 고객사의 인사규정, 법적 사항 등에 준하여 아웃소싱사의 제반 책임하에 정산작업과 지급(은행이체), 최종 세무신고 관련 자료를 제출하는 것으로 업무대행을 마무리 하며, 무엇보다도 외부 동종업계에서 운영하고 있는 근로자 파견 업무는 사업추진 2원화에 따른 서비스관리 분산으

로 質저하 등이 발생될 수 있기에 실시하지 않고 있으며, 고객사 인사부분 성과향상에 기여하도록 신뢰에 기반한 지속적인 서비스를 제공하기 위하여 회사 출범목적에 맞는 급여관리와 복리후생 아웃소싱 분야에 집중하고 있다.

Ⅳ. 아웃소싱사 인력운영상 특징

회사 설립목적인 고객사 연봉보안 준수와 質높은 인사서비스 제공을 최우선으로 하여 고객사의 성과향상을 도모할 수 있도록 고객사별 전담자를 선임하여 One-Stop Service 업무대행을 원칙으로 하고 있다.

<표 2> 개인역량 강화교육 프로그램

또한, 분사 후 담당업무 단독진행에 따른 서비스 공백 방지와 개인경력력 제고를 통한 회사의 경쟁 우위를 확보하기 위하여 최소 1년~최장 2년 기준으로 직무로테이션을 실시하여 전문성 강화를 추진할 수 있도록 하였다. 특히 구성원의 자기계발을 통한 만족도 제고와 역량향상을 도모 지속적인 회사성장을 위하여 매년 직무교육, 공통교육(자세, 서비스, 팀웍), OA교육 등 계획수립, 진행, 결과 평가, 반영 등을 통하여 동기부여를 제공하고 있으며, 이를 위하여 각 직무수행 년별 필수교육과 요구(발휘)역량 기대수준을 오픈하여 구성원들이 목표를 가지고 회사성장과 함께하는 자기계발 및 직무만족도를 지속적으로 향상시킬 수 있도록 운영 중이다(〈표 2〉 참조).

그리고 고객사의 업무대행 서비스에 대해서는 매년 1~2회 서비스평가 실시를 통한 결과를 재계약시 반영토록 하여, 당사의 제반 서비스역량이 고객사 인사부문 성과향상으로 집중화될 수 있도록 시스템화 하고 있다.

아울러 업무대행 관련 CJ그룹 외에 대외영업(외부회사) 확대시 아웃소싱사가 보유한 업무대행 강점을 최대화할 수 있도록 성과주의 보상제도(연봉제) 도입회사를 대상으로 서비스를 제공하고 있으며, 향후 점차 확대를 준비 중이다.

V. 인사부문 아웃소싱 실시효과, 문제점 및 대안

인사부분 아웃소싱을 실시한 결과 나타난 효과는 크게 5가지 이다. 첫째, 직무역량 성과주의 인사제도(연봉제) 확대, 심화에 따른 연봉 보안장치 구축을 완료하였다. 둘째, 아웃소싱사(CJ인사서비스센타)의 초기 단순 지급대행(급여관리/복리후생 등)에서 보상운영 전반 업무대행에 따라 인사 운영부문 분리로 고객사 인사부서의 제도 기획, 개선 업무에 선택과 집중이 가능하게 되었다. 셋째, 급여관리, 연말정산, 복리후생 제도운영 전문화 및 서비스 창구 단일화에 따라 실무의 전문성 제고를 통한 대 임직원 서비스 質이 향상되었다. 넷째, 아웃소싱사 추가 업무대행 확대로 Cost Center에서 Profit Center로 전환됨에 따라 도입 당시 비용절감 기대효과를 초과하고 있다. 다섯째, 아웃소싱사 전문경험자 보유로 고객사 M&A, 분사, 해외법인 등 진행 시 보상부분 조기 안정기반 구축으로 임직원의 인사부문 신뢰도가 크게 향상되었다.

한편 문제점으로는 먼저, 아직까지 인사부분 아웃소싱에 대한 국내기업의 제반 여건(도입,운영,인식등)이 초기단계로 아웃소싱 결과 Cost 기여는 하였으나 Profit Center로 인식전환의 어려움이 존재하고 있다. 둘째, 아웃소싱사의 낮은 브랜드 인지도로 우수인력 채용 어려움과 신규 채용인력에 대한 양성기간이 최소 2년 소요(급여~상여금~년월차~연말정산 경험사이클 1년 소요)에 따른 시간과 비용 부담이 따랐다. 셋째, 아웃소싱 업무특성상 인력구조가 여성으로 업무수행 시 강점이 많지만 출산휴가 시 대체인력 유연성 확보 어려움, 육아로 인한 우수인력 조기퇴직, 경조사 등 이슈사항이 급여마감 작업일정에 발생 등 인력구조에 따른 구조적 어려움이 존재하였다.

이에 따른 대안으로 업무대행시 Before Service(대행자료 D-2일전 제출, 법/제도 변경시 사전 의견제시 등) 제공, 반기별 서비스만족도 평가, 구성원의 CDP 관리를 위한 교육부분 집중지원, 직무순환 실시 등으로 생산성 향상과 성과기여도를 높일 수 있도록 하고 있으며, 또한 고객사 인

사담당자 신규채용시 보상부분 집중 OJT를 통해
서 조기전력화에도 지원하여 고객사와 아웃소싱사
가 상호 Win-Win의 시너지효과를 갖도록 하고
있다.

VI. 아웃소싱 실시 후 인사기능의 변화

　CJ그룹의 경우 인사부문 아웃소싱을 통한 인사
환경의 변화로 첫째, 직무역량 성과주의 인사제도
의 보상체계 정착과 구성원들의 성과 마인드가 향
상되었으며, CJ그룹 계열사간 인사제도 운영, 상
향평준화 등 통합시너지가 창출된 점을 말할 수 있
다. 둘째, 인사부서가 평가와 보상분야의 오퍼레이
션 위주에서 제도기획, 개선 업무에 핵심역량을 집
중화 할 수 있는 계기가 되었다. 마지막으로 인사
부문 기능간 조정, 통합능력이 강화되었고, 총보상
(Total Reword) 관련 구성원과 원활한 커뮤니케이
션과 실행으로 보상수준 이해도가 향상되었다.
　이로써 CJ그룹 인사부분은 글로벌 경쟁환경에
서 핵심인재 확보 및 육성, 조직성과를 중시하는
전략적 파트너로서 인사역할을 구현하고 직무역량
성과주의 인사제도 발전을 통한 성과창출에 기여
하며, 구성원의 삶의 질 향상을 지원할 수 있는 기
업문화 구축으로 인사부문 지향점을 달성하도록
역량강화에 보다 집중할 계획이다.
　CJ그룹은 인사부분에 대한 추가 아웃소싱 확대
계획 없이, 향후 경영환경을 고려하여 검토를 추진
코자 한다. 🔲

이승호

CJ 그룹의 CJ제일제당 사업장 인사부서 근무를 시작으로 제조업의 인사업무를 경험하고, 이후 외식사업을 하는 계열사 CJ푸드빌로 전배 되어 서비스업 인사업무를 수행한 후 CJ프레시웨이 법인 출범 시 인사총괄로 T/F 참여하여 유통업의 인사업무를 경험하였다.

그리고 2000년 CJ제일제당으로 복귀하여 그동안 경험한 제조업, 서비스업, 유통업 인사부문 경험을 기반으로 업무를 수행하던 중 그룹에서 성과주의 인사제도 시행 후 연봉제 보안과 인사부분 핵심역량 강화 등을 위해 2001년 3월 국내 대기업 최초 급여 & 복리후생 업무를 내부 분사화 아웃소싱 추진 시 CJ제일제당 인사부서 퇴직 후 아웃소싱 법인에 경영진으로 참여하여 현재까지 아웃소싱 법인의 경영진으로 회사를 운영하고 있다.

2001년 3월 내부 분사화 아웃소싱 법인 출범 시 고객사는 모회사 CJ제일제당 1개 회사로 출발하였으나 현재 50여 개 회사(고객사) 6만여 명에게 급여 & 복리후생 업무대행 서비스를 제공하는 회사로 성장시키는데 경영진으로 일조하고 있다.

ㅡ 기업과 임직원의 영원 봄 ㅡ

**급여 & 복리후생
업무 아웃소싱**

실무지침서

초판인쇄   2019년 5월 20일
초판발행   2019년 5월 20일

지은이   이승호
펴낸이   채종준
펴낸곳   한국학술정보㈜
주소   경기도 파주시 회동길 230(문발동)
전화   031) 908-3181(대표)
팩스   031) 908-3189
홈페이지   http://ebook.kstudy.com
전자우편   출판사업부   publish@kstudy.com
등록   제일산-115호(2000. 6. 19)

ISBN   978-89-268-8812-4   13320